Sabine Bode

Älterwerden ist voll sexy, man stöhnt mehr

Buch

Die Comedy-Autorin und Stand-up-Komikerin Sabine Bode liefert witzige und schräge Geschichten über das Älterwerden und damit ein Stück überdrehte Trostlektüre für alle Frauen ab 50, die mitten im Leben stehen, obwohl sie sich viel lieber setzen möchten.

Unverblümt und treffsicher nimmt sie die Werbung, Familie und Freunde sowie den eigenen Körper aufs Korn und gibt entlastende Hinweise darauf, was frau ab 50 einfach nicht mehr muss. Dabei hat sie nicht die Mediengeschöpfe im Blick, die »sich verdammt gut gehalten haben«, sondern das echte Mittelalter-Weib, also normale Frauen, die sich zwischen Stringtanga und Gesundheitsschuh bewegen und das Leben souverän meistern.

Älterwerden ist voll sexy, man stöhnt mehr macht eines klar: MITTELALTER ROCKS! Und zaubert der Leserin damit ein herzliches Lachen ins Gesicht. Ganz ohne Botox, ohne Cremes, nur mit viel Humor!

Sabine Bode

Älterwerden ist voll sexy, man stöhnt mehr

Das ultimative Lesekonfetti
für Postjugendliche ab 50

GOLDMANN

Dieses Buch ist auch als E-Book erhältlich.

Verlagsgruppe Random House FSC® N001967

6. Auflage
Originalausgabe Dezember 2019
Copyright © 2019 by Wilhelm Goldmann Verlag, München,
in der Verlagsgruppe Random House GmbH,
Neumarkter Straße 28, 81673 München
Umschlaggestaltung: UNO Werbeagentur, München, unter
Verwendung eines Fotos von FinePic®, München
MP · Herstellung: kw
Satz: Uhl + Massopust, Aalen
Druck und Bindung: CPI books GmbH, Leck
Printed in Germany
ISBN: 978-3-442-15991-8
www.goldmann-verlag.de

Besuchen Sie den Goldmann Verlag im Netz:

Inhalt

Für M.

Nur weil du nicht mehr da bist, heißt das nicht,
dass du nicht mehr da bist.

Auf ein Wort ... oder auch zwei oder drei

Liebe Leserinnen und Frauenverstehwoller,

wenn Sie dieses Buch in den Händen halten, gehören Sie sicher auch zu denjenigen, die sich viel zu jung für dieses Älterwerden finden und sich gelegentlich fragen: »Kann man den Rest des Lebens eigentlich eintuppern?«

Eine komische Zeit, dieses Mittelalter-Ding. Wir können von uns sagen, dass unsere Jugend verdamp lang hair ist, und wir kaufen auf einmal Schuhe, weil sie bequem sind. Wäre das Leben eine Woche, wäre jetzt Donnerstag. Das Gute daran: Das Wochenende kommt noch!

Wir sind jetzt in dem Alter, in dem wir endlich das Geld haben, uns die Klamotten zu kaufen, die wir wollen – nur leider passen sie entweder nicht mehr oder die Werbeindustrie sagt uns, dass wir uns ab jetzt nur noch in dem Segment Komfortsohle, Stretchbund und praktische Kurzhaarfrisur bewegen sollen. Pöh! Nicht mit mir. Ich habe mir vorgenommen: Ich werde eine richtige Alterswilde! Warum? Nun: Mit 20 hatte ich Angst, weil ich auf die 30 zugehe. Mit 30, weil ich auf die 40 zugehe. Mit Ende 40 habe ich auch Angst, ich habe nur vergessen, wovor eigentlich! Kann es sein, dass Älterwerden doch nicht so schlimm ist, es einem aber die ganze Zeit bloß keiner gesagt hat? Ich für meinen Teil kann ohne Schamesröte im Gesicht bei *H&M* Unterwäsche ohne Bon umtauschen, weil ich keine Hemmungen habe, so lange laut und bedrohlich zu reden, bis der wandelnde Kleiderbügel hinterm Tresen kleinlaut das Bargeld rausrückt. Ich habe keine Lust mehr auf Pflichtveranstaltungen, dumme Leute und ein gelogenes »Danke, es hat gut geschmeckt«.

David Bowie hatte Recht: Das Älterwerden ist ein erstaunlicher Prozess, der einen zu der Person werden lässt, die man sein ganzes Leben eigentlich schon sein wollte.

Dumm nur, dass die Phase, in der Frauen das meiste Selbstbewusstsein haben, gleichzeitig eine Altersspanne ist, in der sie in der Öffentlichkeit immer unsichtbarer werden. Frauen »um die 40« (also ab ca. 49) kommen in den Medien nur vor, wenn sie sich »verdammt gut gehalten haben« (Nena, Ina Müller, Anke Engelke), gerade daran scheitern, sich verdammt gut zu halten (»Roooobert, mach mir doch mal einen Termin beim Frisöööör!«), oder ein Mann sind (»Hola Chica! Nehme achte mal viere und stinke nie wieder wie eine altersschwache Iltis!«). Karriere macht man nur, wenn man entweder jung, unverbraucht und dumm genug ist, das Kleingedruckte im Castingvertrag zu ignorieren, oder wenn man mit über 90 noch munter am Barren baumelt und im Internet steilgeht. Dazwischen herrscht offenbar so viel gähnende Leere wie im Hirn eines Traumschiff-Drehbuchautors.

Zeit, mal was für das echte Mittelalter-Weib zu tun: Hier sind Geschichten für normale Frauen jenseits von Botox und Biobaumwoll-Bomber, die allenfalls in Lachtränen ausbrechen, wenn sie fast täglich feststellen müssen: »Moment mal, letzte Woche hat's doch noch gepasst!« Die kein Blatt vor den Mund nehmen und sich keinen Kartoffelsack über den Kopf ziehen wollen, nur weil sie jetzt zur angeblich uninteressanten Zielgruppe der Ü-49-Jährigen zählen.

Trosthäppchen (mit dick Butter drauf!) für Petras, Marions und Claudias, die mitten im Leben stehen, obwohl sie sich eigentlich viel lieber setzen würden. Und für Männer, die Frauen verstehen wollen (Aber vergesst es, Männer. Wenn ihr Frauen verstehen wollt, geht zu *dm* und nehmt euch, obwohl ihr nix Bestimmtes braucht, einfach schon mal den großen Einkaufswagen.).

Falls Sie sich noch unsicher sind, ob Sie bereits in jener Altersphase angekommen sind, in der Sie dieses Buch dringend brauchen, machen Sie doch den Schnelltest: Wenn mindestens drei der folgenden Sätze auf Sie zutreffen, ist dieses Buch für Sie:

✔ Sie sind in der Lage, Straßenkarten zu lesen.

✔ Sie summen Lieder mit, die auf WDR 4 laufen.

✔ In der *Gala* kennen Sie keine Promis mehr unter 40.

✔ Sie haben nur noch drei Ziele im Leben, und vier davon wissen Sie nicht mehr.

✔ Das Vorglühen ist bereits die Party.

✔ Sie brauchen keinen Kassettenrekorder mit einem Tape der *Einstürzenden Neubauten* auf der Schulter zu tragen, um im Bus einen Platz zu bekommen.

✔ Sie führen lange Gespräche über gutes Olivenöl.

✔ Sie sagen den Satz »Zwei Doppelte bitte« nur noch zu Ihrem Apotheker.

✔ Sie haben zu Hause sehr viel Platz – außer im Medizinschrank.

✔ Sie haben in Ihrer Clutch mindestens drei klein gefaltete Einkaufstaschen von *Rossmann*.

✔ Sie haben Ihren Instagram-Account nur, um Ihre Kinder zu kontrollieren.

✔ Sie haben kaum noch Wünsche, dafür aber ganz viele Symptome.

✔ Sie kennen noch Wörter wie Telefonkette, Testbild und Matrizendrucker.

✔ Sie haben einen Ordner, auf dem ein Etikett klebt mit »Andere Krankheiten«.

✔ Sie kennen keine »Freundschaft plus«, sondern eine »Ehe minus«.

Wenn Ihnen das Buch nicht gefällt, können Sie's ja immer noch als Sitzgelegenheit fürs Hormonyoga nehmen. Oder aus den herausgerissenen Seiten eine nachhaltige Inkontinenzeinlage basteln. Wenn ich Ihnen an dieser Stelle aber schon mal eine Lebensweisheit to go, quasi ein Wandtattoo für Plastikverweigerer oder auch eine hochphilosophische Glückskeks-Weisheit mitgeben darf, um Sie auf die nun folgenden verqueren Lebensansichten einer fast (Fast! Bitte! Da lege ich Wert drauf!) 50-Jährigen einzustimmen, bitte schön:

Die Jugend kommt nie zurück. Das Alter aber auch nicht.

Es geht abwärts: Der Tag, an dem ich alt wurde

Du weißt, dass du älter wirst, wenn du dich ungefragt in die Gespräche anderer Leute einmischst.

Ich hatte mich schon lange gefragt: Wann genau tauscht man eigentlich seine 501 gegen Polyesterhosen in Marineblau ein? Wann geht man nur noch in Schuhgeschäfte, die nach Papageien oder Hunden mit traurigen Augen und langen Ohren benannt sind? Ab wann redet man andere Menschen mit »junger Mann«, »junge Frau« oder auch »Hörensema« an? Ist es ein schleichender Prozess oder macht es »Bäm« und man ist 'ne alte Schachtel? Nein. Bei mir nicht. Einmal dachte ich, es wäre so weit, das war der Tag, an dem ich an einem sonnigen Tag auf der Bank am Spielplatz saß und auf mein Handydisplay schaute, aber gar nicht das Display sah, sondern meine eigene Fratze, und das in dem ungünstigsten aller Winkel, der schonungslos zeigte, wie das Kinn in drei Stufen nahtlos in einen reptilienförmigen Hals übergeht. Ich sage mal so: Das war schon so'n Vorläufer. Einen ähnlichen Effekt hat es übrigens, wenn man beim Duschen mal zufällig auf die reflektierende Rückseite des Brausekopfs guckt und zu schreien beginnt wie Janet Leigh hinterm Duschvorhang.

Der Moment der Momente war jedoch ein anderer: Es war im Fahrstuhl bei *Kaufpark*. Fahrstuhlfahrten sind ja an sich eine kuriose Sache. Sobald die Tür zugeht, ist man mit allen anderen Mitfahrern eine Schicksalsgemeinschaft auf Zeit. Auf sehr kurze Zeit. Lothar Matthäus nennt so was vermutlich »Ehe«. Aber in dieser Zeit offenbaren sich menschliche Dramen. Menschen beginnen, mit anderen Menschen flüsternd zu reden, weil sie sich in ihrer Intimsphäre bedroht sehen wie die Typen aus dem Dschungelcamp, die nicht wissen, dass die Mikros auch die leisesten Satzfetzen übertragen, auch »Boah, war das ein geiler Morgenschiss!«.

So war das auch bei meiner Abwärtsfahrt, von der ich hier berichten will und die eine beklemmende metaphorische Komponente beinhaltete.

Ich weiß noch genau (und wer jetzt diesen Satz heimlich mit »als ich mein erstes Sahnebonbon bekam« ergänzt: Willkommen in der Leidensgemeinschaft!), es war ein ganz normaler Donnerstag. Wer regelmäßig *Aktenzeichen XY ungelöst* guckt, der weiß, dass solche Satzanfänge stets Katastrophen nach sich ziehen: Ich war einkaufen und teilte den Lift zum Parkhaus mit so einem Mutter-Tochter-Gespann, bei dem man auf den ersten Blick nicht weiß, wer Mutter und wer Tochter ist, da die Jüngere von beiden eine Mutter-Beimer-Gedenkfrisur und die Ältere das schlimmste Vermächtnis der Achtzigerjahre auf dem Kopf trug, nämlich einen asymmetrischen Schnitt. Links kurz, rechts lang, das Seitwärts-Pendant zu Vokuhila: Likurela. Eine Frisur, die das ganze Dilemma des Ruhrgebietsbewohners symbolisiert: Auf der einen Seite friedlich gebürstete Schrebergartenidylle, aber auf einmal, zack, kurz umgedreht, lauert auf der anderen Straßenseite das Grauen in Form von »Moni's Steéh-Caffè« oder »Salong Kamm in and find out«. Dazu trägt sie den misstrauischen Gesichtsausdruck von Else Stratmann, einen Shopper von *Reisenthel* und ein spackes T-Shirt mit den Aufschriftsfragmenten »... eep calm and let Beate handle i…«, das wohl zeigen soll: »Guck ma, ich bin echt noch fetzig drauf für mein Alter!« (Und außerdem ignoriere ich ständig Waschanleitungen.) Kurz, normalerweise ist das nicht die Sorte Mensch, mit der ich sofort ins Gespräch komme. Aber wie schon gesagt, im Fahrstuhl gelten andere Regeln. Sobald die Lifttüren zuschnappten, fing das Paar an, geheimnisvoll zu flüstern. Was nichts nützte, denn nur allzu deutlich gelangten auf diesen 1,5 verkehrslärmfreien Quadratmetern die Worte »Das letzte Mal, als ich die Kiwi-Sahnetorte gemacht habe, hat sie irgendwie sauer geschmeckt. Weiß auch nicht, was ich da falsch gemacht habe« an mein Ohr. Worauf ich nicht an mich halten konnte zu erwidern: »Ja, is ja auch klar. Rohe Kiwi enthalten das Enzym Actinidain, welches das Milcheiweiß spaltet und so einen bitteren Geschmack erzeugt. Deswegen sollte man Kiwis auch nie in Joghurt oder Quark rühren. Weiß man doch, oder?«

Es hätte jetzt viele Antwortmöglichkeiten gegeben: »Oh, danke für den Tipp, dann nehme ich das nächste Mal Wassermelonen!« oder auch »Was Sie nicht sagen! Wieder was gelernt!«, von mir aus auch »Wer hat SIE denn eigentlich gefragt?«.

Aber nein. Frau Beate und ihre Tochter entschieden sich für die Variante »Wir sind jetzt mal peinlich berührt«, garniert mit einem fragenden Blick, der wissen wollte: »Wer ist diese fremde weise Frau, die sich ungefragt in unsere Gespräche einmischt? Eine Reisigsammlerin? Fahrendes Volk? Eine Muhme, die diskret unter ihrem Lodenmantel für ein paar Louis d'Or gute Ratschläge feilbietet wie einst Landstreicher Konrad seinen Spezialkleber?«

Ich überlegte, wo mein Fauxpas lag. Ich meine, andere kaufen sich den neuesten Band »Unnützes Wissen«. Bei mir gibt's das gratis. Man hilft doch, wo man kann. Ich habe gar nicht überlegt. Wie diese Menschen, die auf dem Waldweg ERST furzen und sich DANN umdrehen, ob es jemand gehört hat.

Man hat deutlich gemerkt, dass die verbleibende Zeit vom Erdgeschoss bis zum Parkdeck 2 für die beiden quälend lang wurde. Angestrengt schauten sie auf ihre Einkäufe. Und versuchten Gespräche anzufangen, in die ich mich möglichst nicht einmischen konnte. Leider ohne Erfolg. Selbst schuld, denn sie hätten ja sagen können: »Hast du Tante Elsbeth zum Geburtstag gratuliert?«, »Hast du auch die Treuepunkte mitgenommen?« oder »Mist, jetzt fährt der erst nach oben«. Wäre alles kein Problem gewesen. Hätte ich ignoriert wie Bushido den Frauentag. Aber nein. Sie wollten es ja nicht anders. Mutti nahm die Müslipackung aus dem Wagen und las den Schriftzug ab »Hafer Heaven. Weniger süß«, gefolgt von einem »Na, dann haben wir ja wenigstens auch mal was Gesundes gekauft«. Ich scharrte mit den Hufen, Rauch stieg aus meinen Nüstern, ich atmete noch mal schnell tief durch und informierte dann unverbindlich: »Ha, gesund! Weniger süß, was soll das eigentlich heißen? Weniger süß als was? Als ein Containerschiff voller *Nutella*? Wussten Sie, dass ein Müsli mit der Aufschrift ›30 Prozent weniger Zucker‹ immer noch auf knapp 30 Würfelzucker pro Packung kommt? Weil's so schön billig ist!«

Die beiden wandten sich demonstrativ von mir ab und starrten konzentriert auf das Schild im Aufzug, als ob dessen Aufschrift »Im Notfall Ruhe bewahren und folgende Schritte unternehmen: Brand melden, in Sicherheit bringen und Löschversuch unternehmen« so interessant wäre. Zumal das »In Sicherheit bringen« in einem geschlossenen Aufzug wenig Sinn macht. Aber vielleicht war diese Situation schon ein Notfall für die beiden? Ich erklärte also schnell weiter, bevor die noch die Notbremse zogen: »Auch die Nährwerttabellen auf modernen Produktpackungen sind ein Witz! Wussten Sie, dass hier nur der herkömmliche Haushaltszucker deklariert werden muss, während andere enthaltene Süßungsmittel, etwa Dextrose oder Gerstenmalzextrakt für den Laien nicht als Zuckerschock erkennbar sind? Kurz, die Angaben sind oft so geschönt, dass man denken könnte, sie seien von *VW* höchstselbst auf die Packung gedruckt! Schlimmer noch die vermeintlich total gesunden Produkte in der Werbung! Warum sind die Frauen, die lustvoll in ›locker-leichte‹ Joghurtschnittchen beißen, alle so dürr, obwohl in so einem Fake-Sandwich kaum Joghurt drin ist, dafür aber jede Menge Palmfett und, ach ja, Zucker? Immerhin, der Babykeks von *Alete*, der Säuglinge ab dem 8. Monat ›zum Knabbernlernen‹ animieren sollte und dabei mehr Zucker enthielt als ein Butterkeks, wurde 2017 von der Verbraucherorganisation *foodwatch* als dreisteste Werbelüge des Jahres ausgezeichnet. Recht so! Wahrscheinlich gab es irgendwo auf der Packung auch den Hinweis ›Schadet nicht den Zähnen, vorausgesetzt, das Baby hat noch keine!‹ Wie kann es sein, meine Damen und Herren (Herren waren gar keine anwesend, aber mir schoss plötzlich so ein Redner-Gen durch die Adern), dass unsere Gesetzgebung es nicht schafft, eine Klarheit schaffende Lebensmittelampel einzuführen, der Aufdruck ›Serviervorschlag‹ jedoch Pflicht ist, damit kein Vollhonk auf die Idee kommt, in einer Packung Kartoffelpüree nach dem abgebildeten Petersiliensträußchen und der halben Cocktailtomate zu suchen?«

Ich glaube, die beiden haben sich im Leben noch nie so dermaßen über ein aufblinkendes »-2« gefreut. Vorbei war der Himmelsritt. Die Tür ging erbarmungslos auf, als hätte ich nichts mehr zu sagen. Mit hochrotem Kopf und zusammengepressten Lippen verließ das Gespann den Lift. Ob es meinen hinterhergerufenen Nachschlag noch wahrnahm, vermag ich nicht zu sagen. »Na gut, es gibt ja auch wichtigere Dinge in diesem Land«, blökte ich noch hinterher. »Auf der Insel Usedom ist zum Beispiel der Bau von Strandburgen per Gesetz verboten. Egal, zum Burgenbauen sind unsere Kinder wahrscheinlich eh nicht mehr in der Lage. Man hat halt schnell einen BMI von 35, wenn man jeden Morgen Zerealien mit der Aufschrift ›weniger süß‹ frühstückt.« Aber da waren die beiden schon in ihrem *Renault Twingo* verschwunden und parkten mit quietschenden Reifen aus, als wäre die leibhaftige *Knorr*-Familie hinter ihnen her.

»Jetzt isses so weit«, dachte ich, als ich ausstieg. Und es hatte nichts damit zu tun, dass ich wieder mal nicht wusste, wo ich geparkt hatte. Das weiß ich schon seit 25 Jahren nie. Wo ist die Urkunde, der Präsentkorb, die rituelle Waschung dafür, dass ich von einer Welt in die andere übergetreten war? Nichts da. Nur ein arglos hingeworfener Stiel von einem *Nogger Choc*, der in einer Pfütze aus Regenwasser und Pipi zu schwimmen begann. Kann ich doch nix dafür, wenn's hier nirgendwo Mülleimer gibt!

Fazit des Tages: Wenn Sie nie alt werden wollen, dann kann ich Ihnen nur eines raten: Steigen Sie niemals in einen Aufzug!

Spieglein, Spieglein: Brief von Mutter Natur

Du merkst, dass du älter wirst, wenn dein täglicher Blick in den Spiegel einer eindeutigen Botschaft von Mutter Natur gleicht. Und die geht folgendermaßen:

Liebes Erdenwesen,

die Weiblichkeit ist ein Geschenk, das du in tiefer Dankbarkeit und Ehrfurcht vor der Schöpfung annehmen solltest.

Du bist als Mädchen auf die Erde gekommen. Das war ein Versehen, eigentlich warst du nur als Klumpen Lehm geplant, aus dem ein paar Brennnesseln wachsen, aber dann habe ich mir gedacht: Ach komm, hau raus.

Ich habe dir ein sympathisches Lächeln geschenkt, das der Welt signalisieren soll: »Seht her, ich verdiene zwar 21 Prozent weniger Geld als ein Mann, aber hey, was soll's, dafür gibt es doch Mädchenförderprogramme und rosafarbene Gartenscheren, also will ich mal nicht so rumzicken!« Aber der Reihe nach:

Von Anfang an habe ich ein ausgeklügeltes System angewendet, damit du das nötige Rüstzeug hast, dich in einer oftmals unerfreulichen Welt zu behaupten. So habe ich dir extrem dünne, blasse Gesichtshaut und ausgeprägte *Dyspraxie* mitgegeben, damit du zu Weihnachten immer den Mitleidsbonus gegenüber anderen Kindern hast und mehr Geschenke bekommst. Das hast du mir aber gründlich versaut, denn mit vier Jahren hast du das erste Mal einen Herrenrasierer in deinem moppeligen Gesicht *Evel Knievel* spielen lassen und auf der Familienweihnachtsfeier 1974 an Onkel Winfried die Frage gerichtet: »Wo ist bei dem Witz ›Ist egal, was es wird, Hauptsache der Junge ist gesund!‹ eigentlich die Pointe?« Von da an liefst du eigentlich nur noch so im Hintergrund.

Ich habe dich außerdem mit dünnem dackelbraunem Haar ausgestattet, damit du seit 1983 das Grundwasser konsequent mit Wasserstoffperoxid (Polycolor Nr. 2488 »Opossum«) und FCKW belasten darfst. Kurz, ohne dein Dazutun wäre der Fischbestand in der Emscher nicht so drastisch gesunken, und die Renaturierung wäre gar nicht erst beschlossen worden. Ja, wir sind alle Teil eines großen Plans, ist das nicht wunderbar?

Auch habe ich deinen Blick durch 5,5 Dioptrien getrübt, weil ich wusste, du bist zu eitel für einen gläsernen Nasenaufsatz. So musstest du die Erniedrigung nicht erdulden, dass so ziemlich alle Gleichaltrigen wesentlich besser aussahen als du (inklusive der moppeligen Anne Neubauer, die so sehr unter ihrer Figur gelitten hat, dass sie schon die Telefonseelsorge anrufen wollte, aber mit ihren dicken Fingern immer in der Wählscheibe stecken blieb). Du dachtest zwei Jahre lang, du hättest eckiges Obst in der Pausenbrotdose, und hast erst erfahren, was ein Zauberwürfel ist, als rote und grüne eckige Aufkleber auf deinen Schneidezähnen klebten.

Ich habe dich mit einem sehr exotischen Geschmackssinn ausgestattet, der dich hat glauben lassen, dass gelbe Vanilla-Hose und Collegejacke gepaart mit einem Knotenshirt mit Flamingomotiv ein harmonisches Gesamtbild ergeben, und man mit einem Foto von Stefanie Powers zum Frisörsalon »Cut-Haar-Strophal« gehen kann. Nun, die Folgen davon kennst du.

Du musstest im Weihnachtsstück der Klasse 5b den Esel spielen und brauchtest kein Kostüm.

Die Phase deiner heranblühenden Weiblichkeit wusstest du hernach faszinierend unter schwarzen wallenden Kleidern und vogelnestförmig drapiertem Haar zu verbergen, was gut war, denn für eben jenes Heranblühen habe ich mir die Form einer Flaschenbirne zum Vorbild genommen. Ja, ich bin schon ein Wunderwerk der Technik: Ich kann Insekten erschaffen, die aussehen wie ein vertrocknetes Blatt, Säugetiere, die sich bei Überpopulation kollektiv eine Klippe herunterstürzen, und Wesen wie dich, deren Überlebensstrategie heißt: Möglichst hinten sitzen und nicht bewegen.

Dann habe ich dich zur Alma Mater geschickt, meiner ollen Schwippschwägerin, die meint, sie wäre was Besseres. Hier hast du sieben Jahre lang Dinge gelernt, die du hernach nie wieder brauchen würdest. Aber das ist nicht schlimm, ich habe schon viele Kreaturen geschaffen, die keinem irgendwas bringen, ich sage nur Bernd Stelter oder Julia Engelmann.

In stickigen Hörsälen und bei überfüllten Semesterpartys habe ich dir den Facettenreichtum des anderen Geschlechts nahegebracht, indem ich dir Männer präsentiert habe, deren Sprachkompetenz auf den Paarungsruf eines Pavians beschränkt oder deren Sehvermögen schon in jungen Jahren so getrübt war, dass sie dich für einen holländischen Imbissautomaten gehalten haben, dem sie dreimal täglich portionierte lauwarme Nahrung entnehmen können. Ich weiß, ich hätte es dir auch einfach machen können und gleich sagen können: »Lass dich nie mit einem Mann ein, der zu *Mike & The Mechanics* tanzt.« Aber die Erfahrung musstest du schon selbst machen.

Nun denn, auch eine blinde Henne findet mal ein Korn, so

sagt man ja, und so war es dann eines Tages so weit: Ich habe dich mit dem Wunder des Gebärens gesegnet. War es nicht ein erhabenes Gefühl, plötzlich auserwählt zu sein, deinen Genpool zur Erhaltung der Menschheit zur Verfügung zu stellen? Plötzlich im Supermarkt einen Weinkrampf zu kriegen, weil deine Lieblingskekse nicht da waren? War es nicht wunderbar, wie auf einmal all deine Sinne geschärft waren, du das Deo eines Mitreisenden zwei ICE-Abteile weiter noch riechen konntest und du quer auf den Straßenbahnschienen geparkt hast, um schnell im Reformhaus noch deinen »Ich MUSS den jetzt essen, sonst STERBE ich!«-Brotaufstrich zu holen?

Hat es deine Verbindung mit dem Wunder des Lebens nicht enorm gestärkt, im Jahrhundertsommer mehr Wasser in deinen Waden einzulagern als das städtische Freibad im Juli? Und dir dann von einer Ärztin mit den Worten »Scheiß Bereitschaftsdienst, hatte nur zwei Stunden Schlaf, und welcher Vollidiot hat mir hier wieder das falsche Skalpell hingelegt?« samstags morgens um sieben den Bauch aufschneiden zu lassen wie der Großmutter von Rotkäppchen?

Nur kurze Zeit später hast du erfahren, dass der Mensch auch mit nur drei Stunden Schlaf (aufgeteilt in drei × 45 Minuten und ein paar Dämmerzuständen zwischen Diesseits und Jenseits) zurechtkommen kann, wenn er seinen Tagesablauf auf das Nötigste beschränkt: stillen, wickeln, vergessen sich anzuziehen, und das Ganze wieder von vorn.

Ich habe dich gelehrt, fünf Jahre nur in Baumwollhosen mit Gummizugbund herumzulaufen, damit du der Frucht deines Leibes aufs Klettergerüst nachkraxeln kannst, und den potenziell den Familienfrieden gefährdenden Männerblicken von Anfang an keine Chance zu geben. Als du endlich wieder dein Ausgangsgewicht erreicht hattest, ließ ich die nächste Frucht in deinem Schoß wachsen. Du weißt ja, Wiederverwendbarkeit und Nachhaltigkeit werden dieser Tage ganz großgeschrieben.

Als kleines Giveaway hatte ich mir diesmal gedacht, dass dich die Übelkeit und der Brechreiz die ganze Schwangerschaft hindurch begleiten sollten, nicht nur wie üblich die ersten drei Monate und dann erst wieder bei der Ankunft von Grußkarten mit der Aufschrift »Ab sofort gehn bei jedem Schritt zwei ganz, ganz kleine Füßchen mit«.

Die nächsten Jahre waren eine Dauerschleife mit rituellen Begrüßungsliedern, die selbst die *Flippers* noch intelligenter getextet hätten (»Guten Morgen, guten Morgen, wir winken uns zu, guten Morgen, guten Morgen, erst ich und dann du!«), sozialpsychologischen Studien (»Warum haben alle anderen eine optimale Work-Life-Balance, während ich bei jedem Stopp an der Ampel nach hinten gucke, ob beide Kinder noch drin sind?«) und rhythmischem Allgemeinplätze-Absondern (»Und, schläft sie durch?« – »Ach, die werden so schnell groß« – »Kinder sagen immer die Wahrheit … zumindest, nachdem sie das Zeugnis ausgespuckt haben«).

Und weil du die ganzen Jahre voller Entbehrungen, Selbsthass und literweise Haferschleim auf der Schulter zugebracht hast, belohne ich dich jetzt dafür, dass dir ein paar schöne lange Haare wachsen – am Kinn. Sie sind weiß, sodass du sie immer erst ein paar Tage später siehst als andere, die sich mittags beim Business-Lunch fragen, warum du noch die Glasnudeln von gestern im Gesicht hängen hast. Sorry, aber so viel Spaß muss sein!

Auch habe ich dein körperliches Downgrade stufenweise angelegt, um es dir zu ermöglichen, jede neue Verfallsstufe aufs Neue zu umarmen. Deine Ellbogen sehen aus wie eine alte Pinocchio-Puppe, auf die ein verhaltensgestörtes Kind mit Fußballschuhen draufgehopst ist? Dreiviertelärmel sind das Gebot der Stunde. Dein Bauch passt auch zehn Jahre nach der letzten Geburt noch in die Shirts von *bellybutton* rein? Dann trag sie halt weiter, aber mach das Etikett raus. Die Knie sind schröbbelig und sehen aus wie die Fratzen von Statler und Waldorf. Maxiröcke sind ja wieder in.

So ging es Jahr für Jahr, und du hast dich mit jeder neuen Verhüllungsstufe abgefunden. Und im letzten Herbst hast du frohgemut gedacht: »Ist schon okay, kann ja wenigstens noch Knöchel zeigen, das ist gerade in bei den jungen Leuten.« Welch törichter Gedanke! Die Jugend braucht ihre eigenen Nischen, und das ist auch gut so. Damit man deine nackten Schienbeine nicht mit denen eines jugendlichen Fashion Victims verwechselt, das auch bei minus zehn Grad seine Knöchel und die darauf in chinesischen Schriftzeichen prangenden China-Restaurant-Weisheiten (»Macht die Hose wieder peng, war's dem Gung-Wu sein Goreng«) zeigen will, hat sich Mother Nature für dich noch was Besonderes ausgedacht: Genau an dieser letzten noch halbwegs straffen Körperregion ist deine Haut jetzt schuppig, furztrocken und bröckelig wie ein altes Stück Schmirgelpapier, das man (aus welchen Gründen auch immer) im Backofen vergessen hat. So sorge ich dafür, dass der Markt der überteuerten Pflegeprodukte für besonders beanspruchte und sensible Haut immer im Gleichgewicht bleibt. Ist es nicht immer wieder faszinierend, welche Tricks die Natur auf Lager hat?

Auch auf der emotionalen Ebene ist bei mir klotzen, nicht kleckern angesagt: Ich habe dich mit allem ausgestattet, was für eine intensive Bindung an deinen Nachwuchs sorgt. Denn, Hand aufs Herz, wenn du deine Kinder immer noch liebst, auch nachdem sie dich gefragt haben: »Mama, ist das einer deiner BHs oder die neue Hamsterhängematte?«, dann bist du die allumfassende Weisheit und Güte in Person.

Erzürne also nicht, liebe Frau. Es ist alles gut so, wie es ist. Alles hat seinen Sinn. Bis auf die zwei dicken seitlichen Speckfalten im Rücken, die aussehen, als hätte man mit der Handkante in ein Stück Hefeteig geschlagen, aber hey, für die ganzen anderen Wunder musste ich halt üben.

Damit du dich aber noch gebraucht fühlst, habe ich dir wenigstens die Schmerzen im Unterleib gelassen. Ist zwar alles nur noch Attrappe, aber wenn du dich jeden Monat mit einem Kirschkernkissen in Schafoptik auf die Couch schmeißt, Tee mit der Aufschrift »Frauenkraft« verschüttest und rufst: »Mein Leben ist ein Scheißhaufen, ich fühle mich emotional gebeutelt und wieso schreibt in diesem Haushalt kein Mensch ›Gemüsebrühe‹ auf den Einkaufszettel, wenn die Gemüsebrühe leer ist?«, dann fühlst du dich vielleicht 20 Jahre jünger.

Und weißt du, was das Schönste ist? Ich weiß, dass du bei jedem Blick in den Spiegel sagst: »In zehn Jahren würde ich mich glücklich schätzen, noch mal so auszusehen.« Es ist eben alles eine Frage der Perspektive. Also, freue dich auf den Rest. Das Leben wird dir noch so schöne Momente schenken. Wie den neulich, als du durch eine Spielstraße gefahren bist und dabei »Stand And Deliver« gesungen hast und irgendjemand beschlossen hat, diesen Anblick mit einem retro Schwarz-Weiß-Foto und der Mitteilung »41 km/h abzüglich Toleranzabzug« für die Ewigkeit festzuhalten.

Und lass mich dir auf die letzten Meter noch ein paar weise Worte mitgeben: Alt ist man erst, wenn man absichtlich um eine Pfütze herumgeht.

Herzlichst
Mutter Natur, die olle Ulknudel vom Dienst

Dann habe ich einfach die zwei Tuben Zahnpasta vom Spiegel gewischt und mir mein Gesicht noch mal angeguckt. Gar nicht so übel für ein halbes Jahrhundert!

Zwei Dinkel-Dinger, bitte: Trendnamen-Terror

Du weißt, dass du älter wirst, wenn du dich von einem Brötchen provoziert fühlst.

Neulich beim Bäcker habe ich regelrecht die Contenance verloren. Da ich nicht in *Kallis Kinderland* war, konnte ich leider nicht zum Infoschalter gehen und ausrufen lassen: »Die kleine Contenance möchte bitte im Bällebad abgeholt werden!« Das war nämlich so:

Ich betrat eine neu eröffnete Filiale einer Backwarenkette, jene von der innovativen Sorte mit Wohlfühl-Hype, wo man drei Orangen auf die Theke stellt und das Ganze als Lifestyle-Gastronomie verkauft, und äußerte nichtsahnend den Satz: »Ich hätte gern fünf normale und zwei von den Körnerbrötchen.« Daraufhin guckte mich die Hefeschnecke hinter dem Tresen mit einem »Wie heißt das Zauberwort?«-Blick an, den man sonst nur einer Teilnehmerin in *Mein Kind Dein Kind – Wie erziehst du denn?* zutrauen würde, deren Wayne-Alessio gerade den Wunsch nach 18 Pfund Schokoladeneis geäußert hat. Naiv, wie ich war, wartete ich ab, dass die zuverlässige Aushilfskraft, wie das heute so üblich ist, sich mit einem lasziven Flutschen ihre Latexeinmalhandschuhe überstülpt und mir devot die Bestellung in die Tüte wirft. Aber nein. Mein in astreinem Hochdeutsch artikulierter Wunsch konnte offenbar nicht einwandfrei zugeordnet werden.

»Welche?«, raunte die Dame singsangartig zurück. »Die Weizen-Wichtel, die Sesam-Seppel oder die Rocken-Racker?« Wer jetzt schon nicht mehr mitkommt, dem möchte ich den genauen Tathergang noch einmal bildlich vor Augen führen: Neben den normalen kinderpopoförmigen goldgelben Modellen befanden sich die ähnlich rundlich geformten Backwaren, nur mit jeweils drei Körnern draufgedröselt. Wie sollte ich als Normalsterbliche, die nie eine zehnminütige Sortimentseinweisung von einem 19-jährigen Filialleiter erhalten hatte, auch nur erahnen, dass jene einem geheimen ausgeklügelten Klassifizierungssystem folgen?

»Na, die da!«, erklärte ich. »Die genauso aussehen wie die anderen, aber mit einem Löffel Vogelfutter drauf.« Der Blick der Verkaufskraft sagte daraufhin Folgendes: »Okay, du willst ein Spiel spielen? Ich spiele mit!« Die verbale Umsetzung dieses Gedankens lautete: »Die Müsli-Männer? Oder die kleinen hier, die Hafer-Hutzel?«

Jetzt mal unter uns: Welches Puddinghirn denkt sich diese Namen aus? Jetzt weiß ich auch, warum Bäcker so früh aufstehen! Die müssen noch vor Sonnenaufgang mindestens 17 neue bekloppte Brötchensorten kreiert haben! »Schau mal hier, Georg, meiner sieht aus wie ein Körner-Kerlchen!« – »Jau, Winfried, guck mal, meiner sieht aus wie ein lustiger Krusti-Wusti!« – »Ursula, schreib das doch mal vorn auf die Tafel! Die gehen bestimmt weg wie warme Semmeln, muahaha!«

»Welche … hätten Sie denn jetzt gern?«, schnappte die inzwischen in angepissten Andrea-Nahles-Modus übergegangene Vollkornfresse in meine Richtung.

»DAS DA!«, rief ich und zeigte einfach auf den Brotkorb, während ich mir die Ohren zuhielt, weil ich gar nicht wissen wollte, auf welchen beschissenen Namen es hörte.

»Ach, die Hippe Schrippe. Na, dann ham was ja.«

»Nein«, sagte ich, »haben wir nicht. Bevor ich ein Brötchen konsumiere, das auf den Namen Hippe Schrippe hört, da rufe ich lieber dreimal laut: VOLDEMORT! VOLDEMORT! VOLDE-MORT!!«, ließ ich kampfeslustig verlauten und stampfte rumpelstilzchenesk dreimal auf den Boden.

»Numachensemahinne ich wollt heut aunoma drankommen«, hörte ich alsbald eine Stimme aus jenem undefinierbaren Menschenknäuel, das inzwischen bis zur Drogerie nebenan wucherte. Aber jetzt war ich in Fahrt. Es ging hier nicht nur ums Brötchenkaufen, schon lange nicht mehr.

Ich legte also einen investigativen Marietta-Slomka-Blick auf und wollte unüberhörbar wissen: »Was ist denn da drin?«

»Wie, drin?«

»Ja, in dem Bauern-Brödli. Gluten-Bohème, Glutamat-Imitat oder Analogkäseersatz? Ich muss das schon genauer wissen. Ich bin nämlich allergisch.«

»Aha. Wogegen denn?«

»Na, gegen Weizenkleber, Hirse-Zwirbel und Spuren von Straußeneiern.«

»Ja, da muss ich mal in der Zutatenliste nachschauen«, verriet sie mir mit einem Augenaufschlag, den ich ansonsten nur von der Supermarktkassiererin kenne, und zwar begleitet von dem Satz: »Aber gern wiege ich die Weintrauben noch mal für Sie aus. Einzeln!« Betont unsanft hievte sie einen Ordner aus der mehlumwölkten Schublade, in dem rund 80 Seiten Kleingedrucktes in Klarsichtfolien abgeheftet war, das 1992 wohl irgendein Azubi durch einen Discounter-Nadeldrucker gejagt hatte.

»Also, wenn Sie ganz sichergehen wollen, dann nehmen Sie unsere Meisterbrötchen. Alles aus kbA und ohne Zusatzstoffe«, säuselte sie, während sie den Staub von den Ringbucheinlagen pustete.

»Wieso Meisterbrötchen?«, fragte ich tonlos zurück. »Heißt das, die anderen sind gar nicht vom Bäckermeister gemacht worden? Dann müssten alle anderen ja Gesellenbrötchen heißen!«

»He, Sie Korinthenkacker, geht datt heute noch weiter, ich wollte eigentlich vor dem Morgengrauen wieder zu Hause sein«, hörte ich eine Stimme aus der Schlange, die mittlerweile die Stadtgrenze zu Hattingen erreicht hatte.

»Korinthenkacker sind aus!«, blaffte mir daraufhin die inzwischen mit kreisrunden roten Bäckchen garnierte Verkaufskraft entgegen. »Aber wir haben noch Kürbis-Köppe und Kümmel-Lümmel!«

Ich weiß nicht, wieso, aber irgendwie bekam ich auf einmal Mitleid mit dem jungen Ding, das bei der Berufsberatung sicher nur angekreuzt hatte: »Ich kann mir vorstellen, dass ich gut darin bin, Backwaren zu verkaufen, weil man da mit Menschen zu tun hat.«

»Okay, ich hab's mir anders überlegt«, sagte ich versöhnlich. »Ich nehme zwei Dreikorn-Dinger und vier Rosinen-Trinen.«

»Macht 5,34«, tönte sie schon fast wieder freundlich.

»Was?«, erwiderte ich ungeduldig.

»Wie, was?«

»Na, 5,34 was? Andorranische Pesete, Brunai-Dollar oder römische Sesterzen?«

Ich weiß nicht genau, wie ich den darauffolgenden Gesichtsausdruck beschreiben soll. Aber eines ist mal klar: Sprachforscher werden sicher in einigen Hundert Jahren rekonstruieren, dass der Ausdruck »Dumm wie Brot« an einem Dienstagabend in einer Bäckerei in Bochum-Linden das erste Mal urkundlich erwähnt wurde. Was blieb mir da anderes übrig, als meine Kinder anzugucken und schulterzuckend zu sagen: »Kommt, Gwyneth, Gwendoline. Wir gehen!«

»MITTEL- ALTER ROCKS!«

Goodbye, Fernseh-Deutschland:
Wer guckt denn so was?

Du merkst, dass du älter wirst, wenn du mit deiner Tochter *Naked Attraction* guckst und sie dich fragt: »Mama, wie habt ihr euch eigentlich kennengelernt?«

Du faselst was von »Ich weiß nicht, Schatz, ist lange her, aber ich bin mir sicher, der Satz ›Ich nehme die grüne Kabine mit dem Apfelarsch‹ ist dabei nicht gefallen«, während du denkst, meine Fresse, wie abgestumpft kann man sein?

Unsere frühkindlichen Erotik-Happen am Sonntagnachmittag bestanden darin, dass wir vor Freude glucksten, wenn wir *Unsere kleine Farm* gucken durften und Charles Ingalls mit nacktem Oberkörper vor dem Haus Holz hackte, dann mit zusammengekniffenen Augen den Blick zum Horizont schweifen ließ, kurz darauf einem heranreitenden Indianer ins Gesicht sah und durch die Zähne raunte: »Laura, Mary, geht schon mal ins Haus.« Alter Verwalter, was für ein Daddy Cool!

Einen echten »Meine Fresse, ist das lange her«-Flash kriege ich aber regelmäßig, wenn *RTL2* wieder einen *ALF*-Marathon sendet: Allein schon wegen der grottenschlechten Bildqualität, die dir vor Augen führt, wie alt diese Serie ist – und du auch. Du kannst dich an jeden Satz erinnern, als wäre es gestern gewesen, aber dieser flirrende und zittrige Bildschirm sagt dir, es war in einem Land vor unserer Zeit, als es noch als höchste

Teenagerrebellion galt, sich mit dem Wählscheibentelefon im Kleiderschrank zu verstecken. Als ich das geguckt habe, habe ich mich rein altersmäßig mit Lynn Tanner identifiziert, obwohl die als kreuzbraves Kranzdauerwellen-Mädel nicht so ganz meine Peergroup war. Als ich vor 15 Jahren die komplette Staffel auf DVD gekauft habe, war ich eher auf einer Linie mit Kate: Working Mum, flotte Friese, latente Grundaggression. Heute bin ich bei Raquel Ochmonek angekommen. So schnell kann's gehen.

Obwohl diese Serie heute noch einen enormen Realitätsbezug hat: Nicht nur, dass Alfs Leitspruch »Wer kriecht, kann nicht stolpern« mein Lebensmotto geworden ist, das ich mir vielleicht mal zu meinem 50. Geburtstag in japanischen Schriftzeichen in den Nacken tätowieren lassen werde. Nein, mehr noch: Das haarige, zerzauste, katzenfressende Monster, mit dem trotzdem alle knuddeln wollten, hat ja quasi die Anti-Bodyshaming-Welle initiiert. Dank Alf trauen wir uns heute wieder, weiße Strumpfhosen mit darunter sichtbaren schwarzen Beinhaaren zu tragen, die aussehen, als seien sie mit Edding auf die Nylons draufgemalt, und uns die Achselhaare auf Lianenlänge wachsen zu lassen. Und mal ehrlich: Wäre es nicht schon in den 80ern anhand der wahnsinnig charismatischen Figur des Willi Tanner kommuniziert worden, dass es völlig okay ist, wenn man ein mitunter stotternder, verwirrter Jasager ist, hätte Edmund Stoiber sich dann jemals in die Politik gewagt?

Ja, ich weiß, dieses »Früher war mehr Lametta-mimimi« nervt. Aber, liebe Kinderserien-Drehbuchschreiber der Jetztzeit, jetzt mal im Ernst, wen wollt ihr eigentlich verarschen? Es schallt tagtäglich durch mein Wohnzimmer, während ich am Esstisch mit wechselnden Erziehungsberatern diskutiere, wie man den Medienkonsum einer Zehnjährigen auf acht Stunden pro Tag herunterschrauben kann. *Emmas Chatroom* – drei Mädchen aktivieren einen Chatroom und finden sich, hui, plötzlich im Cyberspace wieder. Gähn! Das hatten wir schon in den Sixties, hieß damals nur LSD-Trip. Oder H_2O – *Plötzlich Meerjungfrau* – Teenies, die sich bei Berührung mit Wasser in Nixen verwandeln und dieses Geheimnis vor Eltern, Freunden und dem örtlichen Fischhändler geheim halten müssen. Was RAUCHT ihr eigentlich den ganzen Tag? Ist es da noch ein Wunder, dass unsere Kinder den Bezug zur Wirklichkeit verlieren und plötzlich meinen, sie müssten BWL studieren oder, noch schlimmer, Grundschullehramt? Wer holt unsere Kinder bitte schön in die Realität zurück?

Die Vorhölle der Einfallslosigkeit heißt in diesem Sektor aber immer noch ganz klar: Tanzfilm. Hier hat quasi seit *Grease* so wenig Weiterentwicklung stattgefunden wie im Gesicht von Olivia Newton-John. Der Plot ist immer derselbe, nämlich: Mädchen aus der Vorstadt hat einen Traum, sie will tanzen, tanzen und zur Hölle noch mal tanzen. Aber die gestrenge russische Ballettlehrerin sagt: »Abigail, du chanst vergessen, chast zwei linkä Beinä, aus dir wird nie ettewas!« Dann tanzt sich Abigail 78 Folgen lang die Seele aus dem Leib, hat ihr großes Vortanzen, zu dem ihr Stiefvater Joe aber leider zu spät kommt, weswegen sie kurz davorsteht, die gesamte Mehrzweckhalle in Beverly Hills in die Luft zu sprengen. Aber dann steht Frollein Gouvernante im Türrahmen und sagt: »Los, Abigail, gib einfach dein Bestes! Alte russische Sprichwort sagt: ›Das Gute steckte auche in dir, es sei denn, du cheißt Wladimir!‹«

Genauso schlimm: Pferdefilme. Introvertiertes Mädchen mit Rehaugen kommt neu auf einen Pferdehof, wo gerade ein wunderschöner Mustang gekauft wurde, der fürs Abteilungsreiten für Vier- bis Zwölfjährige aber leider zu ungestüm ist, weil er dauernd kleine Katzen totbeißt. »Der Gaul kommt zum Abdecker«, sagt dann der fiese Hofbesitzer, bis das Mädel sich ihm an die Reitstiefel schmeißt und schluchzend bettelt: »Ich verspreche, ich zähme Sommerwind!« Dann flicht sie dem Gaul ein paar Zöpfe in die Mähne, posiert mit ihm für ihre Insta-Story, kriegt drei Milliarden Likes und ein Angebot für einen Frühstücksmargarine-Werbespot, kauft das Tier dem grobschlächtigen Stallknecht ab und verkauft es dann in die USA als Statist für *Two Broke Girls*. Immer das Gleiche!

Wir hatten damals noch echte Vorbilder. Gut, als wir Karlsson vom Dach nachspielten und uns dazu den Heli-Bausatz aus dem *Yps*-Heft auf den Rücken schnallten, haben wir gemerkt, dass die Triebkraft doch nicht ganz bis zum Küchenfenster der Röderings von gegenüber reichte. Aber sonst: Alles voll realistisch. Ich sage nur: *Fünf Freunde*. Ein Baukasten voller Identitätsmodelle: Julien, altkluger Streber, der immer alles besser wusste. Sein Bruder Dick, etwas blöder und leicht adipös. Die spröde George, die eigentlich Georgina heißt, aber lieber ein Junge sein will. Anne, die Spaßbremse, die immer die Hosen voll hatte: »Nein, Julian, wir müssen die Polizei holen, Verbrechern ein Beinchen stellen, das ist doch verboten!« Und Timmy der Hund. Ein allwissendes Tier irgendwo zwischen Lassie, Kommissar Rex und einer GPS-App. Zusammen machten die immer Ferien in Irland auf Kirrin Island, der Privatinsel von Georges Eltern. Und immer wenn sie gerade angeln waren, Boot fuhren oder Seil sprangen, kam ein bis an die Zähne bewaffneter Schwerverbrecher vorbei, den die Kinder aber immer in letzter Sekunde mit einem Gummifletscher, einem Stück Draht oder etwas Tesafilm dingfest machten. Wir haben das früher draußen immer nachgespielt. Schade nur, dass in unserer Garageneinfahrt, in der wir – der dicke Hans-Peter von nebenan, Moni, Claudi und ihr Cousin Heiner – uns drei Tage auf die Lauer legten, nie ein Verbrecher vorbeikam. Tja, musste der Briefträger halt dran glauben. Noch heute erinnern sich die Menschen in unserer Siedlung an jenen heißen Sommertag, der letzte im August, an dem die Briefe acht Stunden später zugestellt wurden als üblich und der Postbote so merkwürdige Striemen an den Handgelenken hatte und wirres Zeug von »Schuppen«, »scheiß antiautoritäre Erziehung« und »Das wird noch ein Nachspiel haben« brabbelte. Zum Glück hat ihn keiner ernst genommen, bei der Hitze kann man schon mal Visionen haben.

Wenn wir dann wieder reinkamen von unserem unschuldigen naturnahen Freispiel, gab es für mich nichts Schöneres als *Väter der Klamotte* zu gucken – was war das ein Heidenspaß! Dicke Männer, die sich Torten ins Gesicht warfen, schöne Frauen mit Mary-Jane-Halbschuhen und Charleston-Kleidern, und alle liefen sie immer so verdammt schnell, als sei Dr. Mabuse hinter ihnen her – was ja auch meistens der Fall war. Das Schlimme: Diese Serie aus der Stummfilmzeit, die wir damals als lustig, aber auch tierisch alt wahrgenommen haben, war jahrzehntetechnisch damals fast so weit von uns entfernt wie die 80er-Jahre von unseren Kids. Das ist schon ziemlich beängstigend. Aber wir hatten es eindeutig besser, denn gesprochen wurde UNSER Klamauk ja von Hanns-Dieter Hüsch, während unsere Kids in diesen ganzen Retro-Shows (»Das waren die 80er«, »Zurück in die 80er« oder auch »80er-Party«, allesamt Auswüchse von WDR-internen Schulungen mit dem Titel »Wie finde ich einen richtig krachigen Titel, der Erinnerungsjunkies so richtig affentittengeil macht?«) ja alle das akustische Elend in der vollen Breitseite abkriegen: Fräulein Menke, Dire Straits und F. R. David.

Und wer wissen will, wie es ist, wenn Leute nichts zu sagen haben, davon aber jede Menge, schaltet sich durch die Talkshows am Freitagabend: Wo sind sie hin, die rauchschwadenumwölkten Labershows von früher, in denen die Gäste noch genauso betrunken waren wie die Moderatoren unvorbereitet und damit viel näher am echten Leben als das heutige Quasselelend? Heute hat der Host nur von Praktikanten vorbereitete Moderationskarten, auf denen genau steht, wie man die Frage formulieren muss, damit der Vorstadt-Comedian auf Buch-Werbetour ganz spontan 2:30 Minuten aus seinem aktuellen Programm referieren kann. Wenn ich am Freitagabend das Buchstaben blubbernde Hexengebräu höre, das sich »Talk« nennt, aber ewig die gleichen ermüdenden Sätze wiederkäut (»Ich komme ja eigentlich vom Theater« – »Ab April in Köln, München und … ach, Kinder, guckt's auf meine Homepage!« – »Eine tolle Entwicklung, erst waren Sie Außenwettenmoderatorin, jetzt essen Sie keinen Zucker mehr!«), dann wünsche ich mir, dass irgendein scheintoter MDR-Redakteur Klaus Kinski aus seinem Hinterhof ausbuddelt, der dann mit der Axt das Studio zertrümmert, und das Aggro-Spektakel allgemein als posthume Hommage an Christoph Schlingensief interpretiert wird.

Der Gipfel der Gesprächssülze heißt zweifelsfrei *hart aber fair*, wo Frank Plasberg jedes Mal, sobald ein Mü an Diskussion entsteht, auf einen Knopf drückt und sagt: »Schauen wir uns dazu doch mal eine Statistik an«, und dann anhand eines Tortendiagramms Typ »Grafikdesign für Linkshänder« rauskommt, dass ganz viele Leute Merkel doof finden, manche aber auch ganz okay und ein paar sich auch enthalten haben, was die Debatte unheimlich voranbringen wird. Hier hatte der Moderator offenbar das gleiche Journalistenseminar besucht wie Markus Lanz, der sicher auch keine Scheu hätte, einen Gast zu fragen: »Sagrotansüchtig, SUV noch nicht abbezahlt und SPD-Mitglied – sagen Sie, wie geht man damit um?«

Wo sind sie, die großen Fernsehmomente wie die Hammer-wortspiele in »Auf los geht's los«, wo unter der Vorgabe »Eine weibliche Verwandte scharfmachen« nach dem Begriff »Tante-Emma-Laden« gesucht wurde? Oder als Madonna live zu Gast bei *Wetten, dass…?* war und erklärte, dass sie gern Eminem hörte und der Dolmetscher dies als »sie isst auch gern M&Ms« übersetzte?

Wo wir gerade bei schmerzlich vermissen sind, wo sind eigentlich die ganzen Fernsehansagerinnen hin, die mit Frau Sommer von *Jacobs Krönung*-Augenaufschlag und sanft säuseln-der Stimme vom Blatt lasen: »Liebe Zuschauer und INNEN, das war der usbekische Autorenfilm *Bündelböhnchen auf Schloss Gymnich* von Rainer Maria Söderquist, eine Koproduktion von BR, NDR und DPD. Ein unbequemes Werk, das die Frage nach der Würde der Pest in Zeiten der Cholera aufwirft und schon die Goldene Gurke aus Venlo und den Zuschauerpreis der Bürgerfunk-Gemeinschaft Wattenscheid-Günnigfeld gewon-nen hat. Das feinsinnige Zusammenspiel der Charakterdar-stellerin Gisèle Krügerhorst mit dem französischen Antihelden Jean-Paul Bréton ist ein echtes Amuse-Gueule für leidenschaft-liche Abspannleser und Taxifahrer mit Germanistikstudium. Wir wünschen Ihnen gute Unterhaltung. Wir sehen uns mor-gen wieder – wenn Sie mögen.«

DAS war noch Fernsehen, für das man ruhig mal den Hawaii-Toast anbrennen lassen konnte. Aber heute?

Scripted Reality, bei der man sich nicht sicher ist: Ist das jetzt eine Hundefrisörin mit ihrer ersten Sprechrolle oder Jenny Elvers-Irgendwas? VIP-Magazine über Promi-Frauen mit Sili-

konentenarsch, die aussehen wie die singenden Ganzkörper-
kostüm-Hamster von Frank Zander. Nachrichtenmagazine
mit Live-Schalten zu Auslandskorrespondenten, die bestens
darüber informiert sind, zu welchen Fakten es gerade keine
Neuigkeiten gibt.

Nee, da gucke ich doch lieber sonntags auf *Netflix* auf dem
3-Meter-Durchmesser-Plasma-TV *Unsere kleine Farm*. Da war
die Welt noch in Ordnung. Gut, die Kinder sind reihenweise
an Cholera gestorben und Ma konnte sich für ihre Rüschen-
schürzen kein DIY-Set bei *etsy* bestellen. Dafür gab es noch keinen Man Bun und auch noch keine *Check24*-Familie. Kurz,
das waren noch Zeiten, über die man sagen kann: Das waren
noch Zeiten!

Und wenn man's genau überlegt, gibt es *Unsere kleine Farm*
ja heute noch. Heißt nur anders und läuft unter der Rubrik
»Die Aussteiger-Familie: Unser Leben im Tiny House«.

Ein Tiny House, das ist so eine Art Peter-Lustig-Bauwagen,
nur ohne Klo. Darin wohnt eine junge Familie – er, Sozial-
arbeiter, der seine Arbeitszeit demnächst auf drei Wochen-
stunden reduzieren möchte, um bei seiner Familie zu sein;
sie, Dietlinde-Tiffany, die einen eigenen Flechtfrisuren-Kanal
bei *YouTube* hat und alle zwei Wochen montags vor *real* selbst
gemachte Muschelarmbänder verkauft. Sohn Thymian, der
in totaler Freiheit aufwächst, allerdings nicht mehr viel wachsen darf, denn dann stößt er sich den Kopf an seinem Einbau-
bett über dem Küchenregal. Für 800 Euro Honorar, für das
sie sich demnächst noch ein zweites Huhn kaufen wollen, erzählt die Minimalismus-Family dem Fernsehteam von ihrem
Aussteigerdasein. Pa sagt: »Dietlinde und ich, wir haben uns
dazu entschlossen, dem Burnout und dem Konsumwahn zu
entgehen, und uns daher in der Voreifel diese Acht-Quadrat-

meter-Holzhütte gekauft. Das war ein hartes Stück ehrliche Arbeit, die Bauteile von *Obi* in den Bollerwagen von *Jako-O* in die Wildnis zu bringen. Aber wir haben hier so intelligente Raumsparlösungen, dass es uns hier an nichts fehlt. Duschen tun wir hier in der kleinen Kammer hinter der Spüle. Gut, man muss sich entscheiden, mit welchem Bein man die ganze Zeit stehen will. Aber da gewöhnt man sich dran. Man kann ja 20 Minuten lang überlegen, auf welchem man mehr Standkraft hat. So lange dauert es nämlich, bis das Wasser kommt. Noch mal 15 Minuten, bis es vom Solarakku auf dem Tonziegeldach warm wird. Aber in der Zeit kann man ja schon mal die Energiesparbilanz der nächsten Mahlzeit berechnen, die wir in einem Erdloch hinter dem Kompost umweltschonend garen. Und wenn wir mal einen zweiten Teelöffel brauchen, dann fragen wir halt die Nachbarn.«

Auf die Frage des Reporters, ob sie denn den Luxus einer 3½-Zimmer-Wohnung nicht vermisse, antwortet Tiny-Mum natürlich total offen und ehrlich, weil es ihr eben »wörklöch wöchtög« ist, allen Menschen offen und authentisch zu begegnen: »Ja, also, wenn ihr schon fragt ... neulich hatten wir ein Problem. Da hatte der Thymian noch ein halbes Reiskorn im Zahnzwischenraum. Wir hätten es mit einem Zahnstocher entfernen können. Aber hey, mit solch sperrigem Ballast wollen wir weder unser Zuhause noch unsere Gedanken verstopfen!«

Wenn ich so meine Nostalgieanfälle habe, meistens begleitet von dem Satz »DAS war noch Fernsehen, Kinner!«, habe ich öfter das Gefühl, in ein sich drehendes Zeitloch zu fallen wie diese Riesenlollis mit LSD-Muster: War das gestern, vor zehn Jahren, vor 20 oder 40, und überhaupt, sind die 90er jetzt auch schon retro? Die sind doch gerade erst vorbei! Ist das jetzt Meister Proper oder Right Said Fred? Die Muppets oder das

Umstyling bei *GNTM*? Meistens ist mein Hirn dann so reiz-überflutet, dass es erst mal einen Powernap einlegen muss. Das letzte Mal hatte dieser allerdings was von *Nightmare On Elm Street*, denn in meinem verwirrten Kopf spielte sich folgender Plot ab:

Alf ist Kandidat bei *Naked Attraction* und schreit »HAH HAH HAH, die sind mir alle nicht haarig genug! Habt ihr nicht was, das nach Thunfisch riecht und nicht nach Bräunungscreme?« – ZAPP – Mrs. Oleson steht hinter der Theke ihres Gemischt-warenladens und ruft: »ROOOBERT! Unsere Nelly braucht SOFORT ein neues Kamerateam für ihren Fashionblog ›Up-cycling-Mode aus alten Getreidesäcken‹. Die letzte Crew hat einfach gesagt: ›Behalt doch einfach diese schäbigen T-Shirt-Lappen von Roberto Geissini an, das merkt kein Mensch!‹ So ein inkontinentes Verhalten, da bin ich mich für am Schä-men dran!« – ZAPP – Anne Will moderiert die ARD-Themen-woche »Toleranz« mit dem Fazit: »Schwule, Behinderte und Frauen sind auch Menschen. Man darf sie ansprechen und streicheln, sollte aber vorher den Besitzer fragen.« – ZAPP – Im RTL-Jahresrückblick *Das war 2019* begrüßt Günther Jauch sei-nen dreimillionsten Studiogast und liest mit einem leeren Ge-sichtsausdruck vom Teleprompter ab: »Zu Tränen gerührt hat uns alle in diesem Jahr das Erdmännchen Gringo. Nachdem gleichzeitig seine Mutter, sein Vater und sein Pfleger gestorben waren, schlug er sich auf eigenen Pfoten durch, lernte Panflöte und ließ sich die Augenlider straffen. Seitdem moderiert es unter dem Namen Kai Pflaume *Dalli Dalli*. – ZAPP – Es reg-net Goldflitter auf das *Supertalent* des Jahres, den 23-jährigen Dschinghis Nettelbeck aus Bad Salzuflen. Der taubstumme, blinde und querschnittsgelähmte Deutsch-Peruaner, der drei

Tage die Woche in einer Suppenküche für Ex-VW-Mitarbeiter arbeitet, um Geld für seine Geschlechtsumwandlung zu sammeln, gewinnt mit einer mit dem Fuß auf der Harfe begleiteten Version von *I Will Always Love You*. – ZAPP – *Brisant* deckt auf: Die neuen Kandidaten fürs Dschungelcamp stehen fest. Es sind der Rapper Wersn Das, die Bloggerin Keiné Ah-nung und der Schiffschaukelbremser Fikdisch-lekkmisch-Fett-Alder sowie Sigmar Gabriel. – ZAPP – Mein vor Angstschweiß klebender Körper liegt auf einem OP-Tisch, ich sehe nur verschwommen ein Gesicht über mir, das einem Waschbären ähnelt und sich nur langsam zur Visage von Horst Zauselbart Lichter verdichtet. Ein halbes Dutzend Leute um mich herum begutachtet meinen exponierten, nur mit einer Händlerkarte bedeckten Körper. »Massenware!«, ruft einer. Diese Modelle wurden in den späten 60er-Jahren massenhaft hergestellt. Das ist allenfalls noch was für Liebhaber!« – »Halt!«, rufe ich. »Ich bin in der falschen Sendung! Ich wolle eigentlich zu *Extrem schön* auf RTL II und mir die Ohrläppchen verkleinern lassen! Hiilf…« – Zu spät. Ein nöliger Unsympath nuschelt: »Datt Dingen nehm isch mit inne Eiffffel! Isch hab da sonn Kunnen, der macht in Geisterbahnen und is so alte Figuren am Sammeln dran!«

Als ich endlich aus meinen wirren Träumen erwachte, erkannte ich das schemenhafte Gesicht meines Mannes, das einen sehr irritierten Ausdruck hatte. Ich kann's ihm nicht verübeln. Wer wird schon gern von seiner schlaftrunkenen und sichtlich mitgenommenen Frau mit dem Satz angesprochen: »Trevor, bist du es?«

Retro-TV, das es heute SO nicht mehr geben würde!

Michel aus Lönneberga – Von »Michel in der Suppenschüssel« gäbe es allenfalls ein Remake mit dem Titel »Als Davin den Kopf in den Thermomix steckt und seine Eltern ihn zum Net-Doktor fuhren«.

Das Haus am Eton Place – Schlecht inszenierte Angestellten-Chef-Soaps als Gratiswerbung für Scheißunternehmen heißen heute *Undercover Boss.*

Ich heirate eine Familie – Würde heute miese Kritiken kriegen, wenn Angie in der letzten Folge sagt: »Okay, dann gebe ich meinen Beruf halt auf und bin nur noch für die Familie da.« Einen echten Shitstorm würde es aber nur dafür hageln, dass Meerschweinchen »Bommel« in Einzelhaltung in der nicht artgerechten Plastikwanne sein Dasein fristet. Zu Recht!

Drei Nüsse für Aschenbrödel – DREI Nüsse! 100 g Haselnüsse haben 628 Kalorien und 61 g Fett! Welche Hauptdarstellerin würde diese glaubhaft konsumieren, ohne sie danach gegen drei halbe Acai-Beeren auszutauschen?

Dallas – Intrigante Viehzüchterfamilie, die schon um 12 Uhr mittags in schrillen Overalls besoffen die Treppe runterkommt, kennen wir doch schon, heißt nur *Meet The Kardashians.*

Die Fußbroichs – würden heute allenfalls als Meme bei *9Gag* viral gehen, zum Beispiel wenn Vadder Fußbroich im lila Ballonseidenanzug im Frühstücksraum auf Malle sagt: »Guck mal, Annemie, datt is alles fest in spanischer Hand hier!«

Der große Preis – Mal ehrlich, welcher Bezirkstrottel würde für 400 Mark Preisgeld heute noch 78 Bücher über Toulouse Lautrec auswendig lernen? Aber: Lustig wär's schon, wenn die jogginghosentragende Reinkarnation von Walter Spahrbier mit dem Satz hereinkäme: »Ich komme heute in der Originaluniform eines *amazon*-Paketboten!«

Ein Herz und eine Seele – Kleine Neurotiker mit schlechten Witzen dürfen heutzutage nur noch *Take Me Out* moderieren.

Tutti Frutti – Bei dem Satz »Ich nehme die Zitrone« würden sofort die Ernährungs-Docs ins Bild springen und erklären, dass bei Mondlicht ausgekochte Zitronenschale Wunder wirkt bei Schrunden und Reizdarmsyndrom.

Erkennen Sie die Melodie? – Nein, ohne RDS-Info nicht.

Der kleine Vampir – Schlechtes Vorbild, weil Anton Bohnsack klar adipös veranlagt ist. Und Nachbarn, die Effi Puvogel heißen, gibt es heute höchstens in *Verklag mich doch!*

Golden Girls – Frauen ÜBER 50, die krasse One-Liner aufsagen? Ohne dass dazu ein Shanty-Chor grölt? Never.

Hart, aber herzlich – Ein windiges Ehepaar, von dem nie klar wird, womit es eigentlich sein Geld verdient und immer erst ein paar bis an die Zähne bewaffnete Ganoven vom Bett schubsen muss, bevor es billige Rollenspiele spielt (»Hallo Seemann!«), wäre heute allenfalls eine Scripted Reality namens »Der Neureichen-Report – die jungen Milliardäre«. Immerhin, ein wenig progressiv war's ja: Das Housekeeping hat keine kleine, dicke, sprachlich herausgeforderte Latina übernommen, sondern ein alter weißer Mann.

Klimbim – Würde heute NIE mehr gezeigt werden, weil ganz schnell klar würde, dass die Drehbücher von *Familien im Brennpunkt* 1:1 die gleichen sind – nur mit besseren Schauspielern.

Timm Thaler – Ein Junge, der sein Lächeln an den bösen blonden Baron verkauft – die Story hätte allenfalls mit Mark Medlock in der Hauptrolle noch eine Chance.

Eine schrecklich nette Familie – Hätte heute keinen Bezug mehr zur Realität. Jeder unter 30 würde sich fragen: Was, damals hat man Schuhe in einem GESCHÄFT gekauft?

Bonanza – Moment mal, die zwei Pfeifen kenne ich von *The Voice Kids*, aber wer sind die anderen beiden Cowboyhüte?

Catweazle – Senile nuschelnde Männer mit Zauselbart werden heute alle direkt auf die Ersatzbank für *Santiano* gesetzt. Und bei »Salmei, Dalmei, Adomei« denkt sich die Nachmittagszielgruppe doch nur: »Haben die Wollnys schon wieder neue Blagen?«

Stäbchenprobe: Wenn ein Q-tip dir den letzten Kick gibt

Du weißt, dass du älter wirst, wenn du eines Morgens in deinem Badezimmer stehst und dir mit einem Blick, mit dem Jack Bauer nach drei Fehlversuchen hoch konzentriert und schweißüberströmt eine Bombe neben einer Feuerwerkskörperfabrik im Rebellengebiet entschärft, laaangsam ein Wattestäbchen in den Gehörgang einführst.

Ich meine, jetzt mal im Ernst, was haben wir denn noch? Alkohol? Bringt uns nichts mehr, wir sind schon morgens nach dem Einnehmen unserer Pillen schräg drauf. Rauchen? Wäre cool, jetzt anzufangen, bis dann der Lungenkrebs kommt, bin ich eh schon im Heim und bastle im Abendkreis Vögelchen aus alten *Ernte-23*-Packungen. Drogen? Wüsste ich gar nicht, wo ich die herkriegen soll – vielleicht von der AWO, »Guten Tach, haben Sie auch *Deals on Wheels*?«.

Das Einzige, was uns noch bleibt, ist das Wattestäbchen. Jaja, ich weiß, HNO-Ärzte warnen eindringlich davor, steht doch in jeder Reformhauszeitschrift: »Unter keinen Umständen in den Gehörgang einführen, Sie könnten sich den Sehnerv verletzen!«

Aber mit den Dingern ist es ein bisschen so, wie wenn man an einem Verkehrsunfall vorbeifährt und es eigentlich menschenverachtend findet, gerade in dem Moment des Auf-dergleichen-Höhe-Seins rüberzuschielen, aber man kann nicht anders! Dieses Gefühl, ein jungfräuliches Wattekügelchen in den Gehörgang zu stecken, langsam zu drehen und dann wieder herauszuholen und festzustellen, dass die Farbe von Brautkleidweiß auf Rauchertapetengelb gewechselt hat, verschafft einem von jetzt auf gleich das Gefühl von innerer Reinigung, für das andere sich auf einen Selbstfindungstrip ins Kloster nach Tibet begeben und vier Wochen lang ausschließlich in der Morgendämmerung gesammeltes Quellwasser trinken. Ein bisschen wie in der TV-Werbung von *Blendax-Anti-Belag*, in der auf entwürdigende Weise kleine Kinder mit Färbetabletten ihren Zahnbelag sichtbar machen mussten (»Boahhh, alles rooot!«), nur dass es hier eben nicht rot ist, sondern, na ja, kamelarschbraun. Aber so ist das mit Einstiegsdrogen: In den Ekel vor den absonderlichsten Absonderungen des eigenen Körpers mischt sich alsbald ein Hochgefühl: »Huijuiui, mein lieber Scholli, da habe ich aber morgen mindestens 300 Gramm weniger auf der Waage!«

Und dann bist du schon, ohne es zu wissen, in Phase zwei des Stäbchenmissbrauchs: Du weißt, du brauchst mehr. Du nimmst mit zittrigen Fingern ein frisches Stäbchen aus der Box. Nicht diese Säuglingsstäbchen mit Sicherheitspuffer, die sind nur für Weichlinge. Du steckst es ein, drehst, nimmst es raus: Bingo. Immer noch Gilb. Und du weißt, der Gilb ist die Ratte des Mittelohrs, wo ein Krümel ist, ist dahinter gleich ein ganzer Felsbrocken. Also schiebst du noch ein bisschen nach. Noch ein kleines Stückchen. Dann drehst du das Ding genüsslich hin und her wie ein von großen Kinderaugen bestaunter Zuckerwatteverkäufer, der mit einer gruseligen Ronald-Mc-Donald-Freundlichkeit mit einem Holzstäbchen in seiner klebrigen Masse herumstochert. Du merkst schon, oh, oh, es ploppt im Innenohr wie beim Landeanflug auf Palma. Das kann nicht gesund sein, aber hey, für dieses Feeling hast du früher zwei Flaschen Rotwein und drei Cuba Libre gebraucht!

Dann ziehst du den Ömmes raus, wie du bei einem wimmernden Kind einen Holzsplitter rausziehst – schwups, gaar nix passiert, das war's schon, hat gaaar nicht wehgetan! Und du denkst: Mein Gott, wie konnte es nur so weit kommen? Andere gehen zum Bungee-Jumping im Himalaya, springen von Brücken auf Güterzüge oder schicken ihr Kind mit gekaufter Sankt-Martins-Laterne zum Umzug. Und du stehst morgens um neun in deiner liebevoll eingerichteten Ikea-Wellness-Oase und testest mit einem wohligen Kribbeln im Bauch aus, wie weit du die Wolle noch in die Muschel semmeln kannst, ohne dass sich im Trommelfell spontan ein Symphoniker-Flashmob versammelt und zu einer Open-Air-Performance von *Tubular Bells* ansetzt. Schon ganz schön traurig.

Ich meine, was gibt dir denn noch den Kick? Die neue Smartphone-App *Angry Butts*, mit der man Stöpsel namens »Assama Butt Laden« oder »Sperminator« volle Luzie in den virtuellen Hintern seiner Feinde schießen kann? Zu *Starbucks* gehen und deinen Namen mit »Nscho-Tschi-Brigitte« auf den Becher schreiben lassen? Den *UPS*-Paketboten mit den Worten empfangen: »Ja, hier oben im 8. Stock sind Sie richtig! Ach, ist für Schnepfentalers? Für die Spacken nehme ich nix an. Die haben immer noch unseren Winkelschleifer und behaupten, sie hätten uns den beim Angrillen letzten Februar zurückgegeben. Versuchen Sie's mal bei Kellermanns im Zwölften, da müssen Sie aber lange klingeln, die halten um die Zeit immer Séancen und nehmen Kontakt mit dem damals auf mysteriöse Weise verschwundenen *Bofrost*-Mann auf.«

Du hast alles gesehen, bist mit dem Rucksack durch die

Eifel getrampt und hast mit der AIDA Venedig gerammt. Hast Kinder gestillt, Eltern gepflegt, bist jetzt zu alt für die werbe-relevante Zielgruppe der 14 bis 49-Jährigen und zu jung für Rollatortanz.

Du fühlst dich wie die personifizierten Tage zwischen den Jahren: Das Lametta ist ab, der Stollen ist gegessen, du siechst auf der Couch herum und suchst in den Ritzen nach übersehe-nen *Mon Chéris*. Du weißt, bald fängt das normale Leben an, nur dass du dich gar nicht mehr drauf freust, weil du viel lie-ber den Rest deines Daseins in eine Ärmeldecke gehüllt Plätz-chenreste mit Sprühsahne aus Dessertschalen essen und dabei *Der kleine Lord* gucken willst. Ambitionen und neue Heraus-forderungen sind für die anderen. Und dann fällt dir ein: Halt ein, Pessimismus. Weiche von mir, Übellaunigkeit. Das Leben hat noch so viel zu bieten. Das rechte Ohr war ja noch nicht dran.

Fit ohne Fun oder: »Ich komm gleich nach«, ruft meine Hüfte

Du weißt, dass du älter wirst, wenn du doppelt so lange brauchst, um halb so gut auszusehen wie früher.

Ich will mal so sagen: Ich bin nicht der allersportlichste Mensch unter der Sonne. Ich fühle mich auch eigentlich nicht dick. Aber ich muss jetzt hier mal fragen: Ist es normal, dass der Mann, wenn er einen hochhebt, vorher ruft: »Eins… zwei… drei«? Das hat mich dann doch ein wenig ins Grübeln gebracht. Letzten Sommer hatte ich daraufhin die Idee, doch einfach mal was zu ändern. In kleinen Schritten. Ganz behutsam und nach neuesten psychologischen, ernährungswissenschaftlichen und anderen spaßfreien wissenschaftlichen Erkenntnissen. Um das Ziel nicht aus dem Blick zu verlieren, habe ich alles notiert. Die Aufzeichnungen, die ich vorige Woche unter der Récamiere in meinem Büro neben einer Großpackung Schoko-Dickmanns gefunden habe, möchte ich der Nachwelt natürlich nicht vorenthalten. Hier ist es also:

Mein Fitness-Tagebuch

Montag
Ich stehe vor dem Spiegel und stelle ziemlich schnell fest: Das Einzige, was an mir dünn ist, sind die Haare. Ich ziehe meinen gelben Lieblingspulli an und denke: Mist, letzte Woche hat er

doch noch gepasst! Dann eben das blau gestreifte Shirt mit der Aufschrift »Sei immer du selbst, es sei denn, du kannst ein Iltis sein«. Nee, diese Motto-Shirts nerven. Wenn überhaupt, dann mein gutes altes »Dies ist ein T-Shirt ohne Message«-Wämschen. Oh, es ist inzwischen bauchfrei. Unfreiwillig. Wenn ich das auf offener Straße anziehe, wird sofort der mobile Tierrettungsdienst informiert. Vielleicht mal wieder ein bisschen retro wagen? Geht auch nicht, denn wenn ich mein original *Duran-Duran*-T-Shirt von 1983 anziehe, steht da nur noch: *ran Dur*. Also lasse ich es auf einen Versuch ankommen, als ich in der Zeitung die Anzeige lese: »Überwinden Sie Ihren inneren Schweinehund – unser Personal Coach kommt auch zu Ihnen!«

Lange habe ich nicht mehr so viel Sport gemacht, wie unter meiner Personal Couch meinen Terminkalender und einen Kuli zu suchen. Schon das Telefonat setzte bei mir Endorphine frei: »Hey, Sabine, you're sexy and you know it, wir – machen – dich – wieder – heiß!« »Jau«, sage ich. »Denn man tau!«

Dienstag

Es klingelt an der Tür. Mitten in der Nacht. Für andere Leute ist es neun Uhr morgens. Ich schäle mich aus dem Bett und befinde, dass meine olle *C&A*-Bollerbuxe supi als Workout-Pant durchgeht.

»Hallo, ich bin der Marvin«, säuselt ein Mittzwanziger mit nach hinten drapierten Zöpfchen, wettergegerbtem Reinhold-Messner-Gesicht und viel zu guter Laune für diese Uhrzeit. Auf seiner Funktionskleidung prangt der Aufdruck *One More Rep,* und ich fürchte, das hat nix mit *Run DMC* zu tun. Wahrscheinlich hatte er auch schon ein Powerfrühstück aus Goji-Beeren, Traubenkernen und anderen Sportler-Smarties hinter sich.

Schon bald schleicht sich jedoch das Gefühl ein, dass ich

ihm irgendwie nicht sympathisch bin, was vielleicht an meinen Antworten auf seinen Fakten-Check zu Anfang unseres Gesprächs liegt.

»Okay, wie viel Zeit möchtest du investieren?«
»Hm, also unter der Woche ist es ganz schlecht. Und am Wochenende auch. Da muss ich essen, fernsehen oder essen beim Fernsehen.«

»Gibt es körperliche Einschränkungen?«
»Nun, ich will mal so sagen: Wenn ich mich morgens bücke, komme ich erst abends wieder hoch.«

»Hast du schon mal Nordic Walking ausprobiert?«
»Du meinst diese Möchtegernsportart von postklimakterischen Besserverdienergattinnen, die im Pulk mit ihren Schneckenaufspießern um den See hecheln? Nee danke. Habe ich einmal versucht: Nach acht Metern habe ich den anderen in der Gruppe gesagt: ›Meine Reise ist hier zu Ende. Ihr müsst jetzt tun, was ihr tun müsst: Geht und lasst mich hier zurück. Ohne mich habt ihr eine Chance.‹

Nee, nee. Wenn du mich fragst, die einzigen Kreaturen, die an Stäben eine gute Figur machen, sind Kermit und Miss Piggy.«

»Okay … wann hast du das letzte Mal Sport gemacht?«
»Schon bisschen was her. Beim Eltern-Kind-Turnen. Da habe ich mir einen Bandscheibenvorfall geholt, bei der Medizinball-Jonglage in der Hocke auf dem Schwebebalken, während ich dabei singen musste: ›Der Gorilla mit der Sonnenbrille, ulalala, tanzt so gern mit Sybille, ulalala!‹«

»Jogging ist auch gesund. Dabei schüttet das Gehirn schon nach wenigen Kilometern Glückshormone aus.«

»Habe ich nicht nötig. Dieses Gefühl stellt sich bei mir schon ein, wenn ich auf den Klapphocker steige, um oben im Schrank nach Keksen zu suchen.«

Aber Iron Man versteht keinen Spaß. »So, dann wollen wir mal dein persönliches Fitness-Level testen«, droht er mit gnadenlos zu Bud-Spencer-Gedächtnisschlitzen verengten Augen. »Wie viele Kniebeugen schaffst du?«

Ich beuge mich langsam in die Knie. »Komm, komm, komm«, ruft er pseudoaufmunternd, »es ist noch nie jemand in seinem eigenen Schweiß ertrunken!«

»Mag sein«, erwidere ich, »aber schon manch einer in einer Schokocreme-Lache in meiner Küche ausgerutscht.«

Nach einer Viertelstunde formen meine knirschenden Kniekehlen einen rechten Winkel von sagen wir mal 70 Grad.

»Scheiße, hoffentlich bin ich bis 10 Uhr wieder oben«, schnaufe ich, »da kommt *Sturm der Liebe.*«

»Komm schon!«, feuert mich das menschgewordene Mesh-Hemdchen an. »Wenn du heute aufgibst, wirst du nie wissen, ob du es morgen geschafft hättest.«

»Ja«, erkläre ich, »aber wenn ich heute Sport mache, dann gibt es für mich kein Morgen mehr.«

»Ich weiß nicht, wie es dir geht, aber ich brauche jetzt erst mal einen Fitnessdrink!«, sage ich und gehe in die Küche. Ich mixe mir mit dem Turbopürierstab Vanillejoghurt, Bananen, Matcha-Tee und eine Zehnerpackung *Hanuta.* Mit Verpackung, habe gehört, da sind die meisten Vitamine drunter. Marvin guckt leicht angewidert. »Jetzt besser«, sage ich und lege noch ein Sträußchen Löwenzahn drüber.

»Du bist ja ein hoffnungsloser Fall«, stammelt Mr Fit, kratzt seine Unterlagen zusammen, zieht sich seine neongrüne Laufweste über und bewegt seinen sehnigen Körper in Richtung Tür. Warum, frage ich mich und rufe ihm diesen Gedanken noch hinterher, müssen sportliche Menschen eigentlich immer so penetrant auf sich aufmerksam machen? Jungs, merkt euch eins: Man riecht euch und man hört euch, wenn ihr an uns vorbeizieht: *Chuch! Chuch! Chuch!* Ihr braucht keine quietschbunten Warnwesten, um zu signalisieren: »Vorsicht, hier kommt ein schwitzender, spaßfremder Mensch, der das Wort *Croissant* nicht mal buchstabieren kann! Bitte Sicherheitsabstand halten!«

»Was?«, fragt das fleischgewordene Funktionshemd.

»Nix, ich habe nur laut gedacht. Bei der vielen körperlichen Anstrengung machen bei mir manchmal Körperteile Dinge, die sie nicht tun sollten. Das ist, wie wenn kurz vorm Einschlafen die Beine unkontrolliert zucken. Nur dass mir das manchmal mit meiner Zunge …«

»Klack«, macht es nur, als die Tür ins Schloss fällt und Marvin sich auf sein Turbo-Speedster-Touchster-Rennrad schwingt und in den Sonnenaufgang radelt. Ja, fahr du nur um dein Leben, sinniere ich ihm nach, während ich mir das *Hanuta*-Papier aus den Zähnen knibble. Eben noch der Held der Bergetappe, bald schon der Tor des Monats. Geht schnell, frag mal Jan Ullrich.

Ich lege mich wieder hin und suche im Internet nach diesen angesagten Fitnessarmbändern. Die reden wenigstens nicht so viel.

Mittwoch

Am nächsten Tag kommt schon mein nagelneuer Oberarm-Bewegungsmelder per *amazon prime*. Gut, die Primetime ist bei denen um 10 Uhr abends, aber das liegt wohl daran, dass der Bote sich erst mal seinen Weg durch den Sperrmüll aus Laufbändern, Hometrainern und Schokowaffel-Großpackungen bahnen muss, der sich vor unserem Hauseingang auftürmt. Ich lese die Bedienungsanleitung und schlafe darüber ein.

Donnerstag

Der Tag startet sehr ambitioniert: Ich bringe den Fitness-Tracker wieder zurück zur Post. Das Ding war nur schweiß-, regen- und spritzwassergeschützt, aber wenig zufriedenstellend im Abweisen von Fritteusenfett. Außerdem möchte ich lieber ein Modell, das sich nicht erschreckt, wenn ich mich bewege. Dann kaufe ich mir eine *Fit for Fun*. Ich erhalte viele wertvolle Tipps wie »Essen Sie nie mehr Lebensmittel, als Sie mit zwei Händen tragen können« oder »Besuchen Sie Ihre Kollegen an ihrem Arbeitsplatz, statt ihnen eine Mail oder *WhatsApp*-Nachricht zu schreiben«. Super Idee, denke ich. Ich fahre sofort mit dem Zug von Bochum nach Köln-Ehrenfeld, gehe in das Büro meines Kollegen Volker, reiße die Tür auf und sage: »DAUMEN HOCH! SMILEY! LACHTRÄNEN!«

Worauf er stammelt: »HÄ?«

Ich erläutere: »Das Video von den Entenküken letzte Woche, die ein Kanalarbeiter gerettet hat, das finde ich MEGA!«

»Hä?«

»Ja, das wollte ich nur mal sagen! Man muss ja nicht immer am Smartphone hängen ... aber jetzt muss ich auch schon wieder, muss noch nach Hamburg! Den Spruch von Elke letzten Dienstag fand ich voll genial, muss ich ihr noch sagen!«

»Was hat sie denn geschrieben?«

»Haben sportliche Bauern eigentlich einen Fitness-Trecker? *LOL*«

Freitag

Ich stehe auf. Auf dem Weg ins Bad suche ich instinktiv nach einem nicht vorhandenen Handlauf. Als ich endlich mit beiden Beinen auf der Waage stehe, sehe ich eine Zahl, die ich zuletzt auf einem weiß-roten Verkehrsschild auf der Autobahn gesehen habe, allerdings nicht an einer Baustelle.

Dann fällt mir ein, dass das WW auf dem gelben Post-it am Spiegel nicht Windbeutel-Workshop heißt, sondern eine Erinnerung an meinen Schnuppertermin bei der Gewichtspolizei ist. Scheiße, heute ist mein erstes Gruppentreffen! Schnell steige ich ins Auto. Nach 600 Metern habe ich mein Ziel erreicht. Anderthalb Kilometer später habe ich auch einen Parkplatz.

Im Hinterzimmer eines *Hermes*-Paketshops, der jetzt als Zusatzdienst auch Haareschneiden anbietet, begrüßt mich ein Mittvierziger namens Olaf, gegen den Florian Silbereisen adipös wirkt, schiebt mich an einen Stehtisch und stellt dort einen Flipchartordner mit Spiralbindung auf, der vorn Idiotengrafiken zeigt und hinten einen Text zum Ablesen hat. Mit dem Charme eines CDU-Ortsverbandsmitglieds, das beim Sommerfest Kugelschreiber verteilt, referiert er:

Hallo Sabine, schön, dass du bei uns bist, was sind deine Ziele?

»Meine Ziele? Also, ich möchte in zehn Jahren meine Wohnlandschaft abbezahlt haben.«

Nein, wie viel möchtest du abnehmen?

»Och, so ein, zwei Kilo … bis Weihnachten … also, *nächstes* Jahr.«

In den regelmäßigen Gruppentreffen findest du Unterstützung und Motivation durch eine starke Community. Mit der kostenlosen App hast du das gesamte Programm und deine Community auch unterwegs stets an deiner Seite.

»Oooh, nö, da muss ich ja ständig mein Handy in der Hand halten. Und da sind ja schon die *Raffaellos*.«

Wir geben dir hier unser Starter-Pack mit leckeren Rezeptkarten. Die Treffen sind einmal die Woche, komm vorbei, wenn du Lust hast, wir würden uns freuen, dich hier zu sehen.

Der Raum füllt sich peu à peu mit Leuten, bei denen man unweigerlich die Stimme Heinz Sielmanns im Kopf hat: »Die Mutterkuh leitet die Herde zurück in die Savanne, denn diese Tiere vergessen einmal gegangene Wege nie!«

Dann kommt eine gekünstelt gut gelaunte Gruppenleiterin herein und stellt sich vor die Anwesenden. Sie war wohl mal eine unglückliche Dicke, aber ihre bemüht Freude verbreitende Miene verrät: Jetzt ist sie eine unglückliche Dünne. Sie ist so dürr, dass neben ihr ein Knäckebrot wirken würde wie ein Pottwal in Schwimmweste, und sie macht ein angestrengtes Gesicht, als hätte jemand mit der Faust in eine Blumenkohlquiche gehauen.

Mit einem gequälten Blick, der sagt »Wenn ich nicht hier sein müsste, könnte ich schööön auf dem Trimmfahrrad sitzen und einen zuckerfreien Müsliriegel … ansehen«, fragt sie die Teilnehmer nach ihren Erfolgserlebnissen der letzten Woche.

Meine Sitznachbarin meldet sich. »Ich wollte heute beim Bäcker fast ein duftendes Croissant holen. Dann habe ich mich aber gebremst und nur ein Rosinenbrötchen genommen!« Donnernder Applaus von den anderen.

Ich melde mich zu Wort: »Ich habe gestern zwei Smartie-Points eingespart und sie bei *eBay* reingesetzt!« Dann hole ich einen Schokoriegel aus der Tasche, reiße lautstark die Zellophanummantelung ab und beiße geräuschvoll rein.

»Aber, aber«, schreitet die Dicken-Dompteuse ein, »so geht das nicht. Sie müssen einfach lernen, Maß zu halten.«

»Kann ich«, erkläre ich gelassen. »Ich weiß, wie man *Mars* hält. Hier, genau wie ein *Snickers*!«

Frau Knautschgesicht hat offenbar einen anderen Humor als ich. Oder sie hat ihn zusammen mit der Kleidergröße 42 am Schalter abgegeben. Unbeeindruckt stiert sie in ihren bunten Prospekt und liest Glaubenssätze ab: »Lachs, Erbsen und Mais haben null Points.«

»Hui«, rufe ich, »wie Deutschland beim Eurovision Song Contest!«

Keiner lacht. Ist auch klar, denn alle haben Angstschweiß auf der Stirn und krallen sich am Sitz fest. Denn jetzt ist Ziehung. Sie holt die Waage raus. Nacheinander trottet jeder zum Siemens-Schafott. Ich pruste durchsagemäßig durch meine hohle Faust: »The number you are looking for is temporarily not available!« Amüsiert aber außer mir keinen.

Die Kilo-Kontrolleurin vermerkt das jeweilige Gewicht ganz diskret in einem Notizbüchlein – warum eigentlich? Ich meine, man sieht's doch… aber lassen wir das! Wer wieder auf seinem Stuhl Platz genommen hat, lässt sofort eine Tupperschüssel aufploppen, lullert an einer Möhre und stöhnt: »Oooh, das gönne ich mir jetzt!«

Dann wird es Zeit für Erfolgsgeschichten: »Ich habe es geschafft, zehn Prozent meines Körpergewichts abzunehmen!«, vermeldet das bunt gemusterte Stretchoberteil neben mir. »Was denn, 30 Kilo?«, frage ich neidisch, »das ist phänomenal!« Mein Kommentar geht im tosenden Applaus der anderen unter. Die Frau bekommt zur Belohnung einen Schlüsselanhänger, einen Kugelschreiber, einen Stern auf dem *Walk of Fame* und den Friedensnobelpreis.

Zum Schluss motiviert die Vorturnerin mit der Magerquarkvisage noch gerade so viel, wie es ihr von Entbehrung gezeichneter Körper zulässt: »Vergessen Sie nicht, Ihren Wochenplan für nächste Woche mitzunehmen. Da stehen viele nützliche Tipps drin!«

Ich stelle mich vor die Gruppe und rufe: »Hört nicht auf Sie! Sie ist nicht sie, wenn sie hungrig ist!«

Samstag

Die Woche war eindeutig zu viel Bewegung. Ich suche was, das ich im Sitzen machen könnte und trotzdem effektiv ist. Ich kaufe mir eine CD: Abnehmen mit Hypnose. Darauf begrüßt mich zu einlullender New-Age-Musik eine schnarchige Stimme, gegen die Rüdiger Hoffmann wirkt wie Louis de Funès nach acht *Red Bull*, und gibt mir mit einer ansonsten nur Postschalterbeamten eigenen Langsamkeit Instruktionen:

Willkommen zu einer völlig neuen Methode des mentalen Abnehmtrainings. Ich möchte dir helfen, dass du dich endlich wieder wohlfühlst, und das geht ganz einfach. Sorge zunächst dafür, dass du ungestört bist.

Okay, ich schalte mein Handy aus, klappe das Notebook zu und lehne mich zurück.

Entspanne dich so, dass du das Gefühl hat, tiefer kann ich mich jetzt nicht mehr entspannen! Schließe die Augen und folge nun einfach meinen Anweisungen.

Anweisungen? Welche Anweisungen? Haaalloo, kann mal einer dieses sphärische Synthie-Geblubber abstellen? Ich wollte eigentlich nur ein paar Pfündchen abnehmen, keine Scientology-Gehirnwäsche to go machen! Gefühlt alle 20 Minuten wird die Jean-Michel-Jarre-Soundsuppe durch Professor Hastigs unaushaltbar laaangsame Stimme unterbrochen.

Deine Augenlider werden jetzt ganz schwer. Ich zähle jetzt bis drei, und dann entspannst du einfach deinen gaaaanzen Körper.

Ich lasse mich komplett fallen. Tut auch mal gut, dem Hier und Jetzt zu entkommen, und das ganz ohne *Baileys Crème Caramel.*

Du sinkst immer tiefer hinein in dieses wohlige Gefühl vollkommener Entspannung und Müdigkeit. Ich zähle jetzt rückwärts ... du entspannst dich immer mehr ... 10 ... 9 ... 8 ...

»Ground Control To Major Tom!«, schallt es durch meinen Kopf. »Take Your Protein Pills And Put Your Helmet On!« Mann, waren das noch Zeiten früher! Ziggy Stardust! *Heroes! Wir Kinder vom Bahnhof Zoo! Neues aus Uhlenbusch!* Scheiße Herrgott, wie soll ich mich denn entspannen, wenn dauernd die Visagen von David Bowie und Onkel Heini vor meinem geistigen Auge herumturnen!

So, nun zähle ich bis drei. Bitte lasse nun vor deinem inneren Auge eine für dich angenehme Situation entstehen.

Okay, das kann ich. »Luigi«, sage ich im Geiste, »einmal Familienpizza mit alles.«

Visualisiere jetzt in deinem Kopf deinen Körper mit all seinen Schwachstellen.
Wie jetzt, Schwachstellen? Hömma, unten läuft's und oben fusselt's, aber hey, ich wandle fast ein halbes Jahrhundert auf Erden, auch wenn ich die meiste Zeit davon im Sitzen verbracht habe. Trotzdem beleidigst DU Hypno-Heini nicht meinen Körper, verstanden! So, und jetzt mach das Gedudel weiter. Na also, geht doch.

Jetzt stell dir deinen Körper in schlank vor! Schlank! Schön! Sexy! Begehrenswert! Suche dir einfach Körperproportionen aus, die dir gefallen, und lasse sie in deinem Kopf Gestalt annehmen.
Marilyn Monroe! Ach nee, die hatte ja auch ganz schön Hüftgold. Uschi Obermeier! Oh nee, nicht dass ich dann demnächst dem Postboten nur mit einem Muschelfußkettchen bekleidet die Tür aufmache und sage: »Na, Kleiner, was zu rauchen dabei?« Lena Gercke? Auch nicht gut, nicht dass ich dann diesen monotonen Gesichtsausdruck gleich mitgeliefert kriege und drei Stunden vor dem Spiegel Sätze üben muss wie »Bleiben Sie dran, wir sind nach der Pause wieder für Sie da!«. Mann, das ist aber auch schwer!

Ein Körper, mit dem du Dinge tun kannst, die früher nie möglich waren!
Ich stelle es mir vor! Ich in einem Beachwear-Fähnchen Größe »S«, in dem ich endlich Dinge tun kann, die früher nicht gingen. Limbotanzen! Tandemspringen! Schuhe zubinden!

So, nun stelle ich dir die entscheidende Frage: Für welchen der beiden Körper entscheidest du dich? Drei, zwei, eins … So, du hast dir deinen optimalen Körper ausgesucht.

Mist! Scheiß ADHS. Meine Gedanken sind gerade mal wieder um diverse Ecken abgeschweift, Schitte! Bei dem vielen 1-, 2- oder 3-Gezähle war ich gerade bei … Elton. Oh Gott! Nicht dass ich mit meinem neuen Körper jetzt »Die total verrückte Wissensshow für voll lustige Leute« moderieren muss! Doch da werde ich auf einmal unsanft aus meinen wild im Unterbewusstsein herumwabernden Gedankengängen gerissen. Weil hinter mir so ein Totalhonk volle Semmel auf die Hupe drückt und mit heruntergelassenem Fenster brüllt: »Grüner wird's nicht, jetzt fahr domma, du alte Fettgondel!«

Scheiße. Das war wohl so was wie ein Hypnosus interruptus.

Zu Hause angekommen fasse ich den Entschluss: Ich lass das jetzt mit dem Abnehmen. Was soll das Ganze? Kann man doch alles viel einfacher haben, wenn man nur ein paar wenige grundlegende Dinge beachtet.

❦ Nicht mehr zwischen den Zwischenmahlzeiten essen.

❦ Vor dem Wiegen einfach mal mit einem Wattestäbchen die Ohren saubermachen.

❦ Es ist egal, wie viele Mahlzeiten du am Tag isst. Nicht egal ist es allerdings, wie viele Mahlzeiten du in der Nacht zu dir nimmst.

❦ Viele Pralinen verschenken. Je dicker meine Freunde wirken, desto dünner sehe ich aus.

❦ Im Restaurant kein Dessert mehr mit zwei Löffeln bestellen. Denn: Damit geht's auch nicht schneller.

Sonntag

Am siebten Tage sollst du ruhen. Das mache ich auch. Die einzige körperliche Anstrengung, zu der ich mich heute hinreißen lasse, ist, aus der Rechnung von Marathon-Marvin kleine Origamiküken zu basteln und sie an den Osterstrauch zu hängen. Auf der Couch schreibe ich dann »NICHTS« auf meine To-do-Liste und streiche es am Abend wieder durch.

Stangentanz und Selleriepeeling: Grauen-Zeitschriften

Du weißt, dass du älter wirst, wenn dich beim Anblick einer Frauenzeitschrift das nackte Grauen packt.

Du bist ja auch alt genug, um zu wissen, dass da seit 30 Jahren derselbe Quatsch drinsteht – vor allem, weil du ihn selbst probiert hast. »Die neue Reis-Diät!« etwa, »4 Kilo in 5 Tagen«. Wie soll das gehen? Morgens ein Reiskorn, mittags ins Fitnessstudio, nachmittags zum Power-Zumba, Kickboxen und Speed-Yoga und abends das Reiskorn wieder auskotzen? Oder wie?

»Die lese ich höchstens mal beim Frisör«, sagen die meisten. Und da man dort ja im Schnitt 3,5 Stunden verbringt (warten, waschen, färben, föhnen und Frisur für den Anwalt dokumentieren), kommt da einiges an Lesezeit zusammen. Sich eine solche Postille durchzulesen, kommt allerdings dem Rat einer viktorianischen Mutter an ihre Tochter für die Hochzeitsnacht gleich: »Close Your Eyes And Think Of England!«

Wie die überhaupt heißen! So heißt doch kein Mensch: Lara, Lisa, Laura, Closa! Und immer dieses Spezielle: *Brigitte normal, Brigitte Forty, Brigitte Mum* ... ich bräuchte eher so eine »Brigitte Teilzeit-Hysterikerin in der Lebensmitte mit notorischem Drang zu nicht altersgemäßem Sozialverhalten«. Aber die gibt's bestimmt auch bald, genau wie die *Elle* ab 50 mit Sicherheit eine eigene Ausgabe bekommt, die sich dann »Delle« nennt.

Auf dem Cover werden wir jedes Mal mit dem gleichen sinnlosen Mix aus Schlemmerrezepten und Diäten geködert. Die Message ist klar: Ihr dürft euch gern vollfressen, das ist voll okay, Body Positivity, hey! – aber nur, wenn ihr den ganzen Scheiß anschließend gefälligst wieder runterhungert, damit uns die ganzen High-Fashion-Anzeigenkunden, die nur bis Größe 42 schneidern, nicht abspringen.

Los geht der Widerspruchs-Irrsinn dabei schon im Editorial. Das ist in der Regel von einem Mann unterschrieben, zum Beispiel »Genießen Sie die neuen Pastellfarben, Ihr Heribert Sipenpöhler«. Jetzt mal ehrlich: Welcher Mann weiß, was wir Frauen wollen? Wir wissen es doch selbst nicht! Nur zur Erinnerung: Der Satz, an dem man merkt, dass eine Frau STINK-SAUER ist, heißt ja immer noch: »Na ja, ist ja jetzt auch egal.«

Würde sich eine Frau anmaßen, im Editorial von *Auto Motor Sport* mit den Worten in Erscheinung zu treten:

»Hallo, liebe Sportsfreunde, ich habe den neuen Tesla Roadster 2020 Probe gefahren, das ist aber mal ein Auto, echt 'ne Wucht, viel Spaß damit!

Herzlichst, Ihre Margarete Rübensiel«

Die würde doch auf der Stelle von den Männern gesteinigt – mit alten, starren Drecksocken!

Und welcher Brigitte-, Babsi- oder Helga-Redakteur weiß, welche Geschenke Frauen wollen? »10 Weihnachtsgeschenke für weniger als 100 Euro« – ja, was soll das sein, 99 Euro im Briefumschlag? Und überhaupt, welche Frau *will* Geschenke für unter 100 Euro? Die dann auch noch so unnütz sind, dass nur ein Mann auf so was kommen kann? Ich meine, wer wünscht sich denn bitte schön ein Olivenboot? Das ist eine lange Schale, in die man 20 Oliven nebeneinander reinlegen kann. Gut, in eine Packung Wäscheklammern passen auch genau 100 Stück rein, ist das jetzt auch ein Must-have?

Ich bin überzeugt: Es gibt anscheinend nur zwei Sorten Menschen. Menschen mit Milchaufschäumer und ohne. Ich gehöre zu letzterer Sorte. Ich meine, wofür soll sich eine Frau so ein Monstergerät in die Küche stellen, das einen Höllenlärm macht, schwer zu reinigen ist und einmal die Woche *pfffff* macht? Viele haben so was schon, heißt Norbert oder Ulf. Was soll der Scheiß? Ich meine, wer von uns hat schon mal an einer gottverlassenen Landstraße in einem Nicht-EU-Mitgliedsstaat in der sengenden Mittagshitze an einer einsamen Bushaltestelle gestanden, ohne rudimentäre Kenntnisse der Landessprache, ohne passendes Kleingeld und nicht mal ein beschissenes Klapphandy in der Tasche und gedacht: »Scheiße, jetzt 'n Milchaufschäumer dabei?«

Und immer diese irren Rezepttrends! Der neueste heiße Scheiß ist ja gerade die Buddha Bowl. Tolles Konzept: Man packt alles rein, was weg muss und farblich zusammenpasst: Selleriestückchen, Radiergummibrösel, Hornhautraspel. Früher sagte man dazu ganz einfach »Schweineeimer«. Oder immer diese Retro-Food-Trends: »Ganz fix fürs Büro – Salate im Glas!«. Leute, man kann JEDEN Salat in ein Glas schichten, der die letzten 30 Jahre anstandslos in eine Tupperdose gepasst hat. Aber jetzt nimmt man Omas Einmachglas, schreibt mit Schnörkelbuchstaben »Fenchel For Fantasy« drauf, dröselt ein paar Hirsekörner über den Nudelsalat und schwups hat man seinen hippen Healthfood-Bottich.

Oder diese unerträglichen VIPs. Was heißt eigentlich V-I-P? Verhärmtes, ignorantes Promiweibchen? Ich weiß nicht, wer Olivia Palermo oder Paula Parmesello sind, ich will aber definitiv keine Bilder mehr sehen von sonnenbebrillten, baseball-bemützten No-Name-Weibern, die eine *Evian*-Flasche vor dem bauchfreien Top halten, gerade aus dem Fitnessstudio kommen und deren Körpermitte mit einem roten Pfeil versehen ist, unter dem der Text »Süßes Geheimnis?« prangt. Liebe Babybauch-Stalker, lasst es euch gesagt sein: Das ist kein süßes Geheimnis, sondern im Volksmund sagt man dazu einfach »Taille«. Mein Gott, diese Frau, wer zum Henker sie auch ist, hat heute Morgen einfach mal ganz ungezügelt an einem Zwieback gemümmelt, dann sieht man halt so aus!

Ich will auch nicht wissen, ob Barbara Becker oder Sandy-Mayer-Pocher-Schlag-mich-tot in einem ehemaligen *Schlecker*-Container in Düsseldorf-Dingenskirchen ihre neue Schmuckkollektion vorstellt. Schmuckdesignerin, was ist das überhaupt für ein Beruf? Man heiratet ein Sesambrötchen, lässt sich scheiden, behält schön den Namen und gibt ab sofort als Berufsbezeichnung Schmuckdesignerin an. Ich will ja nix sagen, aber ich habe noch nie, noch NIE, bei *Bijoux Brigitte* ein Collier von Babs Becker oder Silke-Gaby-Schweiger-Ochsenknecht, ehemaligen Heideköniginnen oder Bierdeckelfabrikantengattinnen gesehen! Wenn man mich fragt, sind das alles Broschenluder! Ich meine, was ist das für ein Ausbildungsberuf? Man liegt den ganzen Tag auf der Designercouch in Malibu und überlegt, in welcher Reihenfolge man wohl die drei bunten Holzperlen auf den Wollfaden fädeln soll. Denn es soll ja schließlich die eigene Personality widerspiegeln und total authentisch wirken. Nö, über diese Promi-Beiwagen- und Ex-entfernte-Bekannte eines Dschungelcamp-Kabelträgers will ich nichts mehr lesen, außer sie stürzen beim Ausbuddeln von Smaragden in Kolumbien in eine Felsschlucht.

Und wenn über Stars berichtet wird, über die man wirklich

mal gern mehr wüsste (zum Beispiel, wie man ohne Formalitäten auf einen Schlag 14 Kinder adoptieren kann), wird wieder nur auf Äußerlichkeiten reduziert, und zwar unter der Missgunst schürfenden Überschrift: »Wem steht es besser?« Dann werden zwei Schauspielerinnen bei der Oscar-Verleihung auf dem roten Teppich gezeigt, die die Todsünde begangen haben, das gleiche Kleid anzuziehen wie eine Kollegin. Der Albtraum jeder Promi-Frau, noch schlimmer als im Bordell ertappte Gatten oder Volltrunkenheit am Steuer. Sofort stürzen sich die Lifestyle-Praktikantinnen darauf und texten gnadenlos: »Hot oder Schrott?« Eine der armen Frauen hat immer verloren, weil sie keine weißen It-Sneaker zum Leoparden-Catsuit trägt wie das (20 Jahre jüngere) Serien-Sternchen, sondern stinknormale Riemchensandalen von *Graceland*. Kann man nicht einfach mal fair bleiben und objektiv bemerken: Ihr seht einfach beide kacke aus? Und überhaupt, gab es schon mal zwei Männer, die den gleichen Anzug getragen haben, und hätte das überhaupt irgendein Schwein interessiert? Wohl kaum. Die betreffenden Typen am allerwenigsten. Die würden auf dem Red Carpet nur witzeln: »Leonardo, alter Ficker, geile Kutte! Lass ma' Bierchen zischen gehen!«

Eine Sache an diesen Hausmütterchen-Bibeln aber finde ich phänomenal: Die »Leserinnen raten Leserinnen«-Seiten, auf denen Frauen ihre empathische Ader zeigen und ihre Life Hacks (früher sagten wir: »Trick 17«) mit ihren Geschlechtsgenossinnen teilen. Auf den Familienseiten irgendeiner neuartigen Patchwork-Postille habe ich etwa neulich gelesen, dass eine Astrid, 45, aus Erkelenz folgenden unschätzbaren Tipp weitergeben möchte: »Ich finde, wenn Spielkameraden da sind, muss es nicht immer Süßes sein, das auf dem Tisch steht. Stellen Sie einfach eine Schüssel kleingeschnittenes Obst hin, das ist ratzfatz weg!« Darunter der unglaubliche Satz: »Danke, liebe Astrid. Schicken auch Sie uns Ihre Mode- und Haushaltsratschläge. Für jeden abgedruckten Leserinnentipp zahlen wir 30 Euro.« Wie bitte? Gibt es irgendwelche Geldzahlungen, die ungerechtfertigter sind (außer das Honorar des Zweithaarberaters von Donald Trump)? Ich meine, für wen sind diese Zeitschriften gemacht, für Menschen mit einem IQ von vier Meter Rollrasen? Dieser Pseudotipp hat mich aber prompt auf eine geniale Idee gebracht: Wenn mal wieder Ebbe in unserer Haushaltskasse ist (etwa, weil keiner in der Frauen-raten-Frauen-Ecke gepostet hat, dass man niemals unter 300 Euro bei *Ikea* rauskommt, obwohl man nur zwei Windlichter wollte), dann schreibe ich jetzt auch immer nützliche hochdotierte Tipps und Kniffe aus Muddis Trickkiste auf und schicke sie an die Redaktion. Zum Beispiel an das Heimwerkermagazin: »Nägel bekommt man leichter in die Wand, wenn man dazu einen Hammer nimmt.« Die haben mir aus lauter Wertschätzung direkt 500 Euro überwiesen, von den vielen Dankesbriefen aus Sachsen ganz zu schweigen. An die *Bild der Frau* habe ich auch geschrieben und für den Rat »Frischhaltefolie hält sich länger, wenn man sie in Alufolie einpackt« durfte ich die Zeitschrift sogar zum Vorzugspreis abonnieren (fünf Prozent Rabatt bei Verpflichtung auf Lebenszeit bis in die dritte Nachkommensgeneration). Auch die Zeitschrift *Lecker essen und sparen* hat sich sehr gefreut über den Ratschlag »Dosenravioli kann man übrigens auch warm essen«.

Mein Drang zum Leser-Feedback ist aber nicht nur der reinen Geldgier geschuldet. Als nämlich wieder mal ein Chefredakteur in irgendeinem Editorial verlauten ließ: »Liebe Lescrin, ich habe Ihnen einen neuen Fitnesstrend aus den USA mitgebracht: ›Pole-Dancing – der neue Power-Sport!‹ Überraschen Sie doch mal Ihren Mann!«, da konnte ich nicht umhin, spontan einen Protestbrief zu schreiben: »Lieber Herr Horstkotte, haben Sie Ihrer Frau allen Ernstes auch so eine Feuerwehr-Runterrutschstange fürs Schlafzimmer gekauft? Und Sie glauben wirklich, dass eine durchschnittsdeutsche Frau eine Röhre, die bei waagerechter Montage mindestens Platz für 28 aufgebügelte Hemden bietet, senkrecht ins Schlafzimmer stellt? Wozu? Vielleicht um sich festzuhalten, während sie den hautfarbenen Angora-Bauchweg-Slip hochkrempelt … bis zum Hals?« Leider habe ich bis heute keine Antwort erhalten. Wahrscheinlich, weil der Mann immer noch mit den pro Ausgabe erforderlichen 38 Rezeptseiten beschäftigt ist und Überschriften texten muss wie »Was koche ich heute?«, »Was koche ich morgen?« und »Welcher Containerdienst entsorgt diskret und geruchsneutral die Reste?«. Und natürlich mit den beliebten Themenseiten über das andere, für das Frauen gut sind. Meistens mit Überschriften wie »Du und die Erotik« oder »So bleiben Sie auch nach dem Sommer noch heiß!«. Normalerweise steht dann da, dass man sich, obwohl es im hektischen Alltag nicht immer leichtfällt, doch auch mal »für ihn« schön machen und ihm mit kleinen Gesten zu verstehen geben soll, dass man ihn auch nach 40 Jahren noch begehrenswert findet. Eine feine Sache, ich wette, es fängt in vielen etwas eingerosteten Beziehungen wieder an zu knistern, wenn sich Elsbeth Riepensüper ein Korselett von *Bonprix* anzieht und einen Zettel »Bier steht im Kühlschrank« ins Strumpfband steckt.

Nachdem uns also bereits ausgiebig vorgeschrieben wurde, was wir zu essen, zu kaufen und »erotisch« zu finden haben, wird uns auch noch vorgeschrieben, was wir anziehen sollen, und das auf eine Art, bei der man nicht weiß, was schlimmer ist: die Mode oder die Posen. Ich meine, ich kann mich einfach nicht auf einen Leinenblazer im Casual Look für die vielseitige Frau ab 50 konzentrieren, der sich, ach was, sowohl zur Jeans als auch zum Rock kombinieren lässt (der Wahnsinn in Tüten!), wenn das Model Cappuccino trinkend an einer U-Bahn-Haltestelle steht, einen Stadtplan studiert und dabei drei Dalmatinerwelpen an der Leine jongliert. Das sind doch Posen, in denen man seinen eigenen Alltag getreu widergespiegelt sieht, nicht! Wo sind sie, die Fashion Shots von Frauen, die gerade eine XXL-Packung Klopapier bei *ALDI* aufs Kassenband legen, während sie per Handy hysterisch mit dem Klassenlehrer des Sohnes diskutieren, ob man die Sozialstunden nicht auch bei *Starbucks* absitzen kann? Oder die in Essen-Kray-Nord-West mit Drillingskinderwagen am Bahnsteig vor einem Aufzug stehen, an dem ein Schild hängt »Bitte benutzen Sie die Treppe oder bleiben Sie mit den Scheißblagen einfach zu Hause!« Da könnte man sich doch viel eher mit identifizieren.

Manchmal haben diese Hausfrauen-Bravos aber auch wirklich wertvolle Inhalte. So wie dieser nützlich Test aus der »Frauke Fifty«, den ich jeder Frau, die wissen will, ob sie innerlich 29 und äußerlich 51 oder andersherum ist, wärmstens ans Herz legen kann:

Psycho-Test: Erkennen Sie Ihr wahres Alter!

Sie sitzen im Restaurant. Was bestellen Sie?

a) Regionale Avocados mit Seitan-Bart und Quinoaschaum-Mützchen

b) Nichts, nach 17 Uhr kriege ich eh nichts mehr runter

c) Egal, Hauptsache mit Strohhalm

Was war das letzte Kompliment, das Sie bekommen haben?

a) Hey Digga, freshe Boots, vong Deichmann?

b) Schönes Teil, aber welche Seite ist zum Putzen und welche zum Nachreiben?

c) Ich hätte Sie jünger geschätzt. So um die fümfümzich.

Welchen Satz sagen Sie häufig auf Konzerten?

a) Hab's schon in meine Story gepostet.

b) Hoffentlich gibt's keine Zugabe, muss morgen früh raus.

c) Ob Keith Richards gleich noch meine *Apotheken Umschau* signiert?

Welche Eigenschaft muss ein Mann haben, damit Sie sich mit ihm eine Partnerschaft vorstellen können?

a) Er muss mir beim Dream-Date auf der Paradise Lodge in Namibia sagen, dass ich die letzte Rose bekomme und die Sheena-Shayonara nur ein verlogenes Miststück ist.

b) Er muss mich überraschen können. Zum Beispiel einfach mal nach drei Tagen ein frisches Hemd anziehen.

c) Hauptsache, er oder sein Sohn ist Arzt.

Sie werden im Club vom Türsteher abgewiesen. Wie reagieren Sie?

a) Voll unfly, Bruh, i bims doch!

b) Das ist kein Gehstock, das 'n Selfie-Stick!

c) Ich muss da nicht rein? DAN-KE!

Welche Aktivitäten sind Ihnen im Urlaub wichtig?

a) Nacktwandern in Nordkorea ... oder was halt sonst so im Jochen-Schweizer-Erlebnis-Package enthalten ist.

b) Einfach mal die Seele baumeln lassen ... der Rest baumelt ja schon von selbst.

c) Ich bin letzte Woche mal bis *Edeka* gekommen. War schön da.

Was lesen Sie gerade?

a) Die Memoiren von YouTube-Blogger Rezo

b) Yvonne Willicks: »50 Shades of Gilb – Gardinenreiniger im Test«

c) »Älter werden ist voll sexy, man stöhnt jetzt mehr«, aber im selbstgehäkelten Schutzumschlag

Auflösung:
Was haben Sie oder Ihr Pfleger angekreuzt?

<u>Überwiegend a)</u> Entweder Sie benutzen heimlich die Hautcreme Ihrer Teenietochter, haben extrem gute Gene oder Sie sind Cher. Sie laufen keinem Trend hinterher, sondern die Trends hinter Ihnen!

<u>Überwiegend b)</u> Sie sind für Ihr Alter noch erstaunlich gut drauf. Die Löcher in Ihren Jeans sind allerdings vom unsachgemäßen Heizkissengebrauch, und die offenen Schnürsenkel sind keine Absicht.

<u>Überwiegend c)</u> Das letzte Konzert, das Sie besucht haben, war eine Darbietung des örtlichen Schulchors, der zu Ihnen ins Haus gekommen ist und auch ein paar Tiere zum Streicheln mitgebracht hat. Sie geben den Sternsingern immer abgelaufene Weinbrandbohnen mit und für so neumodisches Zeugs wie Farbfernseher oder Sofortbildkameras haben Sie nichts übrig.

Ich weiß es nicht, aber ich weiß, wo's steht: Internet, ich feier dich!

Du merkst, dass du älter wirst, wenn der Satz »Das Internet vergisst nichts!« ein Trost für dich ist, denn da hat das Internet dir deutlich was voraus.

Seit wir alle ständig online sind, muss man sich nix mehr merken. Das ist sehr praktisch. Man hat den Schädel ja sowieso schon so voll: Wann wird die Altpapiertonne geleert, mit welcher Ausrede gehe ich diesmal nicht zum Elternabend und welchen Auftragskiller wollte ich noch mal auf die Verkäuferin ansetzen, die mir mit den Worten »Es gibt Ihnen Pep!« zu einer schwarz-weiß-roten Colour-Blocking-Bluse geraten hat, in der ich aussehe wie ein Bild von Piet Mondrian?

Für uns Frauen ist das Netz wirklich eine Heimat, wo wir uns richtig fallen lassen können. Das fängt schon an mit der Erkenntnis, dass *Google* weiblich ist: Es heißt ja DIE Suchmaschine. Warum, ist klar: Sie lässt einen nie einen Satz ausformulieren, sondern macht schon nach zwei Wörtern Verbesserungsvorschläge.

Die virtuelle Welt ist eine blumige bunte Spielwiese, die einen den Alltag vergessen lässt: Es gibt tolle Persönlichkeitstests (»Beschreibe dich in einem Wort« – Antwort: »Ich kann schlecht Befehle ausführen!«) oder jede Menge lustiges Dumm-Deutsch (»Du wurdest aus dem Forum gebannt!« – »Lerne, wie

Sarah Connor hat verloren 9 Kilos!« – »Schau, wie zu zeichnen eine Blumenvase«). Da muss man sich nicht mehr in die Schlange zum Indoor-Spielplatz stellen, um sich an der sprachlichen Kompetenz von im Deutschunterricht stets komplett weggedösten Kleinhirnen zu ergötzen.

Das virtuelle Leben ist so viel besser als das echte, wo ich manchmal in der schlecht beleuchteten Schankwirtschaft in Brandenburg vor dem Spiegel umkippe, weil ich mein Gesicht zum ersten Mal ohne Insta-Filter sehe.

Und im wahren Leben würde ich mir vor Angst in die Hose machen, wenn mir 14 Leute folgen würden.

Auch wenn man mal gucken will, wie schlank man letzte Woche noch war, welchen Kuchen es zum Frosch-Geburtstag 2005 gab, welches Eis man 2015 am Gardasee gegessen hat und welches Krankenhaus man danach aufsuchen musste, muss man keine Seiten mehr mit Seidenpapier dazwischen umblättern – wenn man denn zwischen den ganzen Siedler-von-Catan-Editionen und VHS-Videokassetten überhaupt jemals ein Fotoalbum gefunden hat. Heute ist das nämlich viel simpler: Man hat Trillionen Bilder in der Cloud, die sämtliche Urlaube, Familienfeiern und Meerschweinchenvergesellschaftungen dokumentieren, und zwar irgendwo in den Ordnern »später sortieren«, »dringend sortieren« oder »Urlaub 2000 bis 2019 – unsortiert«. Da findet man immer irgendwas, wenn auch nicht das, was man eigentlich wollte.

Darüber hinaus gestaltet sich das Eltern-Kind-Zusammenleben dank Internet deutlich entspannter:

»Mama, wann war Goethe in Weimar?«

»Guck bei Wikipedia, ich weiß nicht mal, wann Opa Guntmar das letzte Mal bei der Fußpflege war!«

»Warum ist Tjorbens Mutter eigentlich immer so gestresst?«

»Na, die war letztes Jahr acht Wochen wegen Burnout zur Kur, hat sich mit ihrem Häkelgeschäft an der Wuppertaler Straße deutlich übernommen und administriert zu allem Übel auch noch die Eltern-WhatsApp-Gruppe der 4b – liest du denn kein Facebook?«

»Was hat Simone de Beauvoir eigentlich gemeint, als sie sagte: ›Man kommt nicht als Frau zur Welt, man wird dazu gemacht‹«?

»Äh, schlag mal nach auf frag-mutti.de.«

Auch das Shoppen ist jetzt viel leichter geworden. Das fängt schon damit an, dass der Einkaufswagen im Internet nicht immer wegrollt. Man muss nicht mehr durch die Gartencenter pilgern und Preis-Leistungs-Verhältnisse von akkubetriebenen Heckenscheren eruieren, sondern man fragt einfach bei *eBay*-Kleinanzeigen: »Was letzte Preis?«

Und wenn man mal einen grünen Pulli angeguckt hat, aber nicht mehr weiß, wo man ihn gesehen hat – kein Problem. Er kommt einem wie ein Schlossgespenst hinterhergeflogen, egal, ob man auf abnehmen-mit-apfelessig.de oder so-abgefuckt-sehen-die-NDW-Stars-heute-aus.org unterwegs ist.

Das ist zuweilen anstrengend, aber nicht halb so entwürdigend wie diese genervten Teilzeitkräfte, die im Klamottenladen immer wie ein Schatten an einem kleben und möglichst unauffällig unsere angeschauten und irgendwie wieder auf den Stapel gelegten T-Shirts wieder RICHTIG auffalten.

Ein weiterer Vorteil ist, dass die Kommunikation mit den Mitmenschen viel leichter geworden ist. Man muss nicht mehr diese handgeschriebenen Briefe schreiben und jeden Satz erst mal laut aufsagen, bevor man ihn ein für alle Mal mit Füllfederhalter mit Sonntagsschrift in Büttenpapier meißelt – nur damit das Schriftstück dann mit dem Vermerk »20 Cent Entgelt zu wenig« eine Woche später wieder im eigenen Briefkasten landet. Wenn man sofort Kontakte mit anderen Menschen will, dann macht man sich einfach ein Profil auf der Partnerbörse »Elitäre Akademiker in der Lebensmitte suchen Handwerker, die sie mit durchfüttern«. Wenn man dann noch unter sein Profilbild schreibt: »Ich weine nicht, weil ich traurig bin, sondern weil ich zu lange stark war«, dann hat man im Handumdrehen ein Dutzend einfühlsamer neuer Männerbekanntschaften, denen man sofort antworten kann: »Danke, dass du mir ein Foto von deinem Hammer geschickt hast.«

Und vielen älteren Menschen hilft das Netz enorm über die Einsamkeit hinweg: Ältere Herren zum Beispiel plaudern gern monatelang ausgiebig miteinander, und jeder von ihnen glaubt, der andere sei eine dralle 22-jährige Blondine.

Ach ja, und wenn man sich bei *StayFriends* einloggt, muss man auch nicht mehr zu diesen blöden Klassentreffen. Diese bestehen ja meist nur aus Satzfetzen wie »Hei, du auch hier?«, »Krass, voll lange her!« oder »Und, was machste? Verheiratet? Kinder? *Weber Grill?*«. Man kann ganz bequem von zu Hause gucken, was die alten Vollpfosten von früher so treiben, ohne sich mit einer Schüssel Nudelsalat unterm Arm auf den Weg in einen Schrebergarten in Recklinghausen-Suderwich machen zu müssen. Martin Wiesel etwa, ein in seiner Sozialkompetenz stark eingeschränkter Hirni, der mich von der fünften bis zur siebten Klasse im Bus immer kurz vor der Haltestelle, wo ich aussteigen wollte, mit dem Ranzen an der Haltestange festgebunden hat, hat jetzt einen eigenen Handyladen und bindet seine Kunden offenbar mit vergleichbaren Methoden an sich. Oder Manuela Bogowski, die zickige Stufengranate, die damals schon so freizügig rumlief, wie Micaela Schäfer heute Autohäuser eröffnet, hat jetzt ein Sonnenstudio namens »Grillin' me softly«. War klar. Nur Thorsten Steinmetz, der Einzige, mit dem ich mich damals gut verstand, ist gar nicht auf dem Portal zu finden. Wahrscheinlich steht er heute noch an einer Laterne in Herten-Scherlebeck, wo er damals vom fiesen Wiesel angekettet wurde.

Auch immer wieder unterhaltsam: Alte Liebschaften googeln (Wichtig: Danach Suchverlauf löschen!). Was zum Beispiel macht heute dieser süße langhaarige Typ, den ich Anfang der 90er auf dem *Faith-No-More*-Konzert kennengelernt habe, aber von dem ich leider noch am selben Abend die auf den Unterarm geschriebene Telefonnummer weggeduscht habe? Oh. Der hat auf seinem Facebook-Profil ein Bild vom Open Air mit Andreas Gabalier, wo er mit seinem »Schatzl« ein Herz aus Händen formt und vor den Sonnenuntergang hält. Puuuh, da kann ich meinem Duschgel ja ewig dankbar sein.

Überhaupt, wenn man seine Erinnerungen gerade verlegt hat wie seine Autoschlüssel, rückt das Netz einem die Realität wieder unerbittlich vors Auge. Es wischt einem quasi die von Nostalgie beschlagene Gleitsichtbrille wieder sauber.

Wenn ich meiner Tochter sage: »SO gehst du mir nicht aus dem Haus, Frollein!«, dann zeigt sie mir ein YouTube-Video von einem Studio-Auftritt der Ärzte aus dem Jahr 1985, wo ich mit strohballenförmiger Frisur und mit dem Malen-nach-Zahlen-Pinsel aufgetragenem Kriegs-Make-up debil in die Kamera grinse.

Apropos schminken, da ist die schöne bunte Netzwelt ja auch unersetzlich. Da erklären nicht nur 15-jährige Influencerinnen, wie man mit nur 27 verschiedenen Produkten in weniger als drei Minuten ein alltagstaugliches Tages-Make-up zaubert. Unter dem Motto »Lidstrich Ü 50« wird auch von einer forschen Kosmetikfachfrau erklärt, wie man in dieser

Lebensphase mit jenem kühnen Beauty-Statement umzugehen hat: Man zieht gaaanz leicht mit einem Lidstift am Wimpernkranz vorbei. Also genauso, wie man es die letzten 30 Jahre gemacht hat, nur dass man sich dabei keine halbstündigen Videos angeguckt hat.

Auch wenn man abnehmen will, ist das Internet ein verlässlicher Partner. Statt einfach so ein Kochbuch zur Hand zu nehmen und anhand der roten Flecken sofort die richtige Seite aufzuschlagen, gerät man nach Eingabe des Suchwortes »Erdbeerkuchen« erst mal in ein Dickicht von Rezept-Blogs mit seitenlangen Intros wie »Hallo ihr Lieben, heute Morgen dachte ich mir spontan, ach, backst du mal wieder einen Erdbeerkuchen, weil ich liiieeebe Erdbeerkuchen, und jetzt ist ja wieder die Zeit für Erdbeeren, aber dann konnte ich erst meine Backform nicht finden, bis die liebe Crissy von ›Crissy backt‹ mir ihre geliehen hat, und, was soll ich sagen, es ist der beste Erdbeerkuchen geworden, den ich je gemacht habe, obwohl ich Erythrit statt Zucker, Apfelmus statt Eier und Himbeeren statt Erdbeeren genommen habe, aber ich bin halt so eine lustige spontane crazy Back-Fee, wisst ihr, so eine richtige Zuckerschnute eben …« Spätestens an dieser Stelle hänge ich immer mit Schaum vor dem Mund vor dem Bildschirm: WO IST DAS REZEPT, VERDAMMTE HACKE??? Und in den Kommentaren steht dann nur 17-mal: »Klingt lecker, habe ich aber noch nicht ausprobiert.«

Zum Glück gibt es ja diese vielen Kochvideos. Die kommen immer direkt zur Sache, vielleicht heißen sie deshalb auch Foodporn:

Da stehen acht Schüsseln taufrisch geschnittenes Obst oder Gemüse auf einer mörderteuren Mahagoniarbeitsplatte, die zu fahrstuhlartiger GEMA-freier Musik wie von Zauberhand in Zeitlupe in die Hochglanz-Glasschüssel fallen, wo sie sich dann mit ein paar Fingerschnipps zu einem cremigen Mango-Chilischoten-Eis oder einer kunstvollen Birnen-Roquefort-Tarte verbinden.

Ich finde, das könnte man ruhig ein wenig realistischer gestalten: Man könnte zum Beispiel eine Endvierzigerin mit Doppelkinn und falsch herum gebundener Küchenschürze zeigen, die sich verzweifelt an einem 5-Minuten-Ratatouille-au-chocolat versucht, sich dabei selbst den in Mitleidenschaft geratenen Mittelfinger wieder annäht, während sie das Handy auf laut stehen hat, damit sie nicht den seit zwei Stunden überfälligen Rückruf des Klempners verpasst und dabei ihrem 10-Jährigen noch die Mathehausaufgaben macht.

Ich feiere das Internet aber vor allem deshalb, weil man dank E-Mail und Doodle kaum noch telefonieren muss. Echtzeit-Kommunikation, pah, wie oldschool! Diese Form des Miteinanders, bei der man immer sofort was erwidern muss, und das möglichst so laut, dass der andere nicht hört, dass man gerade auf dem Klo sitzt. Inzwischen ruft einen ja kein Schwein mehr an. Wenn überhaupt, dann dieser Inder mit dem schlechten Englisch, der mir vor ohrenbetäubender Großraumbürokulisse aufgeregt mitteilt: »Hello Miss, I'm calling from Windows, your computer is broken!« Der ist aber ganz schnell wieder weg vom Fenster, wenn ich dann die Choroi-Flöte meiner Jüngsten zücke und direkt in die Muschel »Das Schwein macht winke winke« von Volker Rosin fiepe.

Für meine Generation ist das Internet also ein unverzichtbarer Kompass durch das wirrer werdende Lebensdickicht. Kein Wunder, dass sich manche meiner Freundinnen bei der Bezeichnung ihres WLAN-Netzwerks mehr Gedanken machen als bei den Vornamen ihrer Kinder.

Selbst wenn ich mal wieder eine Identitätskrise habe, und das kommt ziemlich oft vor, dann suche ich mich einfach selbst im Netz und finde zu meinem Namen sofort »respektlose Möchtegernkomikerin mit notorischem Drang zur Selbstüberschätzung« – und schwups weiß ich wieder, wer ich bin.

Klar, die wirklich wichtigen Antworten auf die großen Fragen des Lebens, die finden wir auch online nicht: Wieso grüßt man Leute im Fahrstuhl, im Treppenhaus aber nicht? Weshalb tragen Kamikazepiloten eigentlich Helme? Warum passen mir Jeans nicht mehr, obwohl ich sie erst vor acht Jahren gekauft habe?

Und für die politische Bildung ist das Internet wirklich eine tolle Sache. Wenn man gerade mal keine Meinung hat, kann man sich immer noch schnell eine googeln. Genau richtig für so gesellschaftlich desorientierte Leute wie mich, die sich immer noch fragen: Was meinte meine Gruppenleiterin in der katholischen Jugendgruppen-Teestunde eigentlich mit ihrem Plakat »Frieden schaffen ohne Waffeln«?

Heute ist das leichter. Ich gehe inzwischen einfach auf die Seite von Christian Lindner und halte immer das Gegenteil von dem, was der sagt, für richtig.

Und wenn *amazon* mir nicht gerade mitteilen würde, dass es von mir ein neues Buch gibt, das in Kürze rauskommt, wüsste ich gar nicht, dass ich diesen Text jetzt aber mal schnell beenden muss. Ist ja bald Manuskriptabgabe. Dann heißt es Druck, Sektchen, Pressetermine. Auf die Frage »Wie wird man eigentlich Autorin?«, sage ich dann wie immer: »Man braucht ein Prozent Talent und 99 Prozent die Fähigkeit, sich nicht vom Internet ablenken zu lassen.«

Zehn Gründe, warum das Internet erst im Alter so richtig Spaß macht

☺ Man hat alle Fenster geöffnet, aber es zieht nicht durch.

☺ Man kann alles herunterfahren, ohne sich dabei was zu brechen.

☺ Mit einem 56-k-Modem kann man Langsamkeit genießen, ohne sonntags auf die Autobahn auffahren zu müssen.

☺ Man kann seine Kinder zur Weißglut bringen, indem man ihnen schreibt: Mailst du mir das Bild bitte zweimal? Eins für mich und eins für Papa!

☺ Diesen Bildschirmschoner braucht man nicht zu bügeln.

☺ Man kann sich ein riesiges blaues Rechteck in den Vorgarten pinseln und alle *Google-Maps*-Gucker glauben lassen, man hätte einen Swimmingpool.

☺ Der Glaube an ein Leben nach dem Tod wird bestärkt … oder wozu ist sonst die Return-Taste?

☺ Man antwortet auf die Frage »Dürfen wir Ihre Daten für später speichern?« mit »Ja, wenn Sie meinen, dass sich das noch lohnt …«.

☺ Man kann mit anderen Menschen Rommé spielen, ohne diese riechen zu müssen.

☺ Bei bahn.de hat man es jetzt schwarz auf weiß, dass der Zug abgefahren ist.

Altersgeilzeit: Mumien-Dating für Anfänger

Du weißt, dass du älter wirst, wenn du deinen Freundinnen Dating-Tipps gibst wie: »Hör mal, Tina. Ich weiß, dass du inzwischen ziemlich verzweifelt bist ... aber findest du, es ist eine gute Idee, zum ersten Date gleich im Hochzeitskleid aufzukreuzen?«

Dating ist ja seit jeher sehr tricky, auch für den Mann: Ein falsches Wort, eine zweideutige Geste und ein »Na, Schnitte, schon belegt?« zu viel und schwups sitzt man allein vor einer Flasche Billig-Chianti und den fair gehandelten Rosen von *Lidl*.

Ob's im Alter schwieriger wird? Schwer zu sagen, ohne eine Ehekrise heraufzubeschwören. Aber sollte ich in meinem Leben noch mal in die Lage kommen müssen, einen potenziellen Restzeitpartner kennenlernen zu wollen, dann ist eins klar: Es wird garantiert sehr lustig. Zumindest, wenn ich mich altersmäßig in Richtung 20 Jahre jüngerer Fitnesstrainer oder auch Kaulitz-Zwilling orientiere.

Denn das, was im Netz bei *wikihow.com* als völlig ernst gemeinter Ratgeber unter dem Stichwort »How to seduce older women«, zu Deutsch etwa »Omma-Grabbeln«, steht, ist das Schrägste, was ich seit dem Tutorial »Pony schneiden ohne Topf« gelesen habe. Ein wohlwollender Leitfaden für tollkühne Jungspunde, denen ihr bisheriges Hobby »Ü-Eier-Figuren aus

Mett nachbilden« zu dröge geworden ist und die sich deshalb an etwas noch Schmierigeres – und gesellschaftlich geächteteres Thema – heranwagen, um am nächsten Tag vor ihren Kumpels in der Berufsschule von ihren schlüpfrigen Heldentaten zu berichten.

Gleich der Bedienungsanleitung eines Staubsaugers wird einem »jungen Mann«, was immer das auch ist, der Umgang mit reiferen Frauen idiotensicher erklärt. Das Lustige dabei: »Ältere Frau« gilt hier ab 30. Dating mit *noch* älteren Frauen findet man bei *wikiHow* wahrscheinlich unter dem Stichwort »Leichenschändung«. Genauso wenig, wie niemand vor dem Bau des Berliner Flughafens mal einfach einen Taschenrechner aus der Schublade gezogen hat, hat es keiner dieser Autoren offenbar für nötig gehalten, diese Tipps dem Praxistest zu unterziehen. Darum gebe ich euch, liebe Männer, auf welcher perversen Junggesellinnenabschiedsparty ihr auch immer gerade dazu gezwungen werdet, genau dieses Buch in der Hand zu halten, mal ein paar wohlgemeinte Ratschläge. Im Folgenden also sinngemäß die *wikiHow*-Vorschläge, garniert mit meinen dezenten und wirklich konstruktiv gemeinten Kommentaren.

1. SORGE DAFÜR, DASS SIE DICH WILL

Ältere Frauen mögen selbstbewusste Männer. Sie wollen sehen, dass du im Alltag auch ohne ihre Hilfe klarkommst. Wenn du selbstsicher erscheinst, hast du gute Karten.
Richtig beobachtet, liebe How-to-Experten, die ihr sonst sicher Profi-Tipps verfasst wie »Vor der Drückung der Strg-Taste bitte sicherstellen, dass die Strg-Taste gedrückt ist«. Natürlich wollen wir selbstbewusste Männer. Zumindest sollten sie sich schon

selbst die Schuhe zubinden können. Aber hei, ältere Frauen sind natürlich nicht anspruchsvoll. Klettverschlüsse lassen wir selbstverständlich durchgehen. Aber merke: »Hat mir Mutti rausgelegt!« ist keine Entschuldigung für T-Shirts mit der Aufschrift »Wurst formte diesen Körper!«.

Wenn du dich nicht selbstbewusst fühlst, tu einfach so, als ob du's wärst.
Genau. Das merken ältere Frauen nicht. Solange an deinem Arm eine Rolex mit Preisschild schlabbert und du einen Porscheschlüssel mit Bändchen vom Autoverleih in den Fingern hältst, kannst du stottern wie ein erkältetes Erdferkel und rot anlaufen wie Boris Becker bei der Steuererklärung. Wenn du dann noch sagst: »Hallo, ich bin der D-D-Damian, willst du was von meinem Pausenbrot abbeißen?«, ziehen wir uns sofort nackig aus.

Errege ihre Aufmerksamkeit. Bedenke aber, dass sie als ältere Frau keine Lust darauf hat, dass du mit deinem Auto prahlst und allen Weibern hinterherguckst. Zeige Interesse an Politik, Weltgeschehen, Büchern und Musik und allem, was dich sonst noch interessant machen könnte.
Erst mal: Finden *junge* Frauen es toll, wenn ein Typ allen Weibern hinterherguckt? Habe ich da was verpasst? Vielleicht, weil sie dann beim Dating schnell auf dem Smartphone auf »Milchbubis in deiner Nähe« andere Spätpubertierende abchecken können?

Mit deinem Auto kannst du dagegen ruhig angeben, solange es die Attribute »Hoher Einstieg« und »Sitzheizung« mitbringt. Politik ist auch immer gut. Vermeide aber den Satz »Nächstes Jahr darf ich endlich auch mal wählen gehen« sowie deinen

MILF-Fetisch. Bücher sind auch immer gut. Sage ihr, dass du mit Aufklapp-Bilderbüchern schon lange nichts mehr anfangen kannst und das nur so eine Phase in deinem Leben war. Stattdessen liest du gerade die Biografie von Arnold Schwarzenegger, »Conan, der Barbarpapa«. Lasse ebenfalls nebenbei in die Unterhaltung einfließen, dass du gerade bei einem Konzert von André Rieu warst, das Publikum dir da aber viel zu jung war. Summe außerdem unmissverständlich »Here's to you, Mrs. Robinson, Jesus loves you more than you will know, woh-woh-woh!«. Unter »alles, was dich sonst noch interessant macht« läuft auch deine *OBI*-Bonuscard, dein gerade erlangtes Diplom im Treppenliftreparieren und dein nagelneuer Pürierstab.

Wenn du viel jünger bist, sprich nicht über Hobbys von Leuten deines Alters, sonst wird der Unterschied zu offensichtlich. Wenn sie etwa in den 30ern ist, sprich nicht über das Saufgelage mit deinen Freunden letztes Wochenende, sondern lieber von deinem Auslandssemester in Frankreich. Genau, deine Bob-der-Baumeister-DVD-Sammlung solltest du vor ihr geheim halten. Sage stattdessen: »Hör mal, Gundula. Ich habe letztes Jahr nach meinem Bachelor-Abschluss in Gender Studies ein Auslandssemester in Frankreich gemacht, bevor ich mit meinem Master in Soziologie angefangen habe. Boah, was ich da mit meinen Freunden *gesoffen* habe!«

Obwohl, deinen *Pokemon*-Figuren-Setzkasten kannst du vielleicht doch erwähnen und schon mal vorsichtig anklopfen, ob sie diesen zweimal wöchentlich abswiffern würde. Vermeide in jedem Fall auch Hobbys, die sie altersmäßig gar nicht kennen kann, also Sim-Karten-Sammeln, Kondom-Upcycling oder Nieren-Piercing.

Konzentriere dich auf das, was sie hat. Sage ihr, was du an ihr magst, aber mach ihr nicht zu viele Komplimente.

Stimmt, wenn du sagst: »Oh mein Goooott, du siehst ja aus wie Meghan Markle oder von mir aus auch Heidi Klum!«, dann wird sie sagen: »Schatzi. Wenn ich Meghan Markle wäre, hätte ich gar keine Zeit für dein peinliches Granny-Grabbling, weil ich dauernd auf Pferderennen Hüte herumbalanciere und dabei möglichst oft die olle Kate anremple oder zumindest eines ihrer Bälger. Und wenn ich Heidi Klum wäre, dann wärst du viel zu alt für mich!«

PS: Bei Frauen ab Anfang 40 kannst du ruhig alles auffahren, was du auf der Tasche hast. Diese dürsten so nach den allerkleinsten Nettigkeiten, dass du sie alle bringen kannst, deine lange gesammelten Sprüche:

✔ Ich bin vom TÜV, darf ich mal deine Hupen testen?

✔ Wer hat nur die Sterne vom Himmel geholt, um sie in deinen Augen zu verstecken?

✔ Ich steh im Telefonbuch unter »R« wie »Rammler«.

Du musst allerdings damit rechnen, dass sie »ja« sagt, und darfst dann nicht überrascht sein!

Mache ihr Alter nicht gleich zum Thema und sage keinesfalls: »Für dein Alter siehst du aber noch guuuut aus!«

Sage höchstens: »Also, ich habe selten eine attraktivere Frau gesehen als dich. Davon abgesehen, was ich schon immer mal wissen wollte: Wie finden die Kellner hier im Dunkelrestaurant eigentlich ihren Weg in die Küche?«

Wenn sie ihr Alter erwähnt, sage: »Wow, das hätte ich NIE gedacht!«

… und auf keinen Fall: »Na ja, Hauptsache im Kopf noch fit!« Überlege dir jetzt schon, wie du vor der Haustür wieder auf dem Absatz umkehrst, wenn du morgen nicht neben umher-fliegenden fleischfarbenen Bauch-weg-Miedern und einer Tube Haftcreme aufwachen willst. Als ultimative Rettung kannst du ja dein Smartphone fragen, wo das nächste Geschäft ist, an des-sen Tür ein Aufkleber der *Kinder-Notinsel* hängt.

Wenn sie dich fragt, was du glaubst, wie alt sie ist, sage immer ein paar Jahre weniger, als du wirklich denkst. Übertreibe es aber nicht. Wenn sie Mitte 30 ist, sage also »Ende 20«, nicht »23«.

Guter Tipp. Wenn du ihr Alter richtig tippst, wird sie vermu-ten, du hast das Geburtsdatum ausgewertet, das zusammen mit ihrer Adresse und der Notfallnummer des Heims auf der Rück-seite ihres Pullis klebt. Besser: Gestalte dein Ratespiel geheim-nisvoll und mystisch und bette die Zahlen in den Kontext ein: »Ich glaube, bei dir wirkt 8 × 4« oder »Dein Haar riecht nach *Plantur 21*«. Aber Vorsicht, »Hey, Schneewittchen, wo sind denn deine 7 Zwerge« ist asbach-uralt, und ein No-Go ist auch »Hei, Cinderella, ist es schon 12 Uhr?«, wenn du nicht als Per-verser durchgehen willst.

Wenn ihr dann über das Alter sprecht, frage sie ruhig, wieso sie Single ist, denn die Männer müssten ihr ja eigentlich zu Füßen liegen. Sorge aber dafür, dass das nicht zu abgedro-schen klingt.

Nein, »Wieso bist DU eigentlich Single?« ist überhaupt nicht abgedroschen. Niveau ist ja auch eine Gesichtscreme, Bielefeld gibt es wirklich und das *Café del Sol* ist ein nur Subkultur-Szenegängern bekannter Geheimtipp.

Wenn du deine popelige Nachfragerei ein wenig charmanter gestalten willst, sage: »Ups, ich glaube, ich bin da unter dem Tisch auf was getreten. Wahrscheinlich auf einen dieser Männer, die dir reihenweise zu Füßen liegen!«

Kleine Vorwarnung: Es könnte durchaus sein, dass sie auf die Frage nach ihrem Geburtsjahr antwortet: »Mein Alter? Der liegt zu Hause auf der Couch!«

Ach ja, und wenn du bei deinem Date noch mit weiteren absolut außergewöhnlichen Phrasen punkten willst, begrüße sie doch mit »Na, hast du's gut gefunden?« und verabschiede dich mit »Tschö mit Ö!«.

Beeindrucke sie durch deine Unabhängigkeit. Anhänglichkeit ist nur was für Welpen.

Genau, wenn Mutti während des Dates anruft und fragt, ob du schon genug im 30 °C-Pflegeleicht-Sammelbehälter angehäuft hast, dann wimmle sie mit einem lässigen »Sorry, Kim-Lisa, I'm in the middle of a meeting, just send me those fucking figures in an e-mail, right? And don't forget to book me a room with a jacuzzi in Dubai next Friday!« ab.

Verliere keine Zeit und lade sie ein! Wirke dabei aber nicht zu verzweifelt.

Also nicht: »Lass uns mal essen gehen. JETZT! Ich meine, viel Zeit hast du, haben, äh, wir, ja nicht mehr!« Und auf keinen Fall Passanten fragen, ob sie zufällig was zu essen dabeihaben, um Zeit zu sparen. Um euren Altersunterschied diskret zu verbergen und so zu tun, als hättest du noch jede Menge Zeit, kannst du auch sagen: »Lass uns doch mal irgendwann ausge-

hen. Vielleicht in zwei Jahren, wenn ich endlich ohne Beglei-
tung Auto fahren darf.«

2. FÜHRE SIE AUS

**Bestelle kein Bier, das lässt dich wie einen Saufbruder wir-
ken. Ordere lieber einen eleganten Cocktail, etwa Gin
Tonic. Das lässt dich wie einen echten Mann erscheinen.**
Aber auch wenn's schwerfällt, frage nicht danach, dir den Drink
mit ein bisschen Salbeitee zu verdünnen, weil du so einen Reiz-
magen hast. Wenn du sichergehen willst, wie ein echter Mann
rüberzukommen, lass dir den Wodka für die Heimreise in eine
Thermosflasche abfüllen. Und vermeide Drinks, in denen die
Wörter »Beach«, »Sun« oder »Mango« vorkommen. Eindruck
macht dagegen alles, was »ultra«, »Rambo« oder »heavy« im Namen hat. Noch einfacher ist es übrigens, wie ein echter Mann rüberzukommen, wenn du direkt aus deinen Sportsocken trinkst.

**Sei ein Gentleman. Mach ihr Komplimente, halte ihr die
Tür auf und rücke ihr den Stuhl zum Sitzen zurecht. Wenn
sie etwas Schweres trägt, nimm es ihr ab.**
Genau, Gentleman ist immer gut. Verfalle dabei aber nicht in
ein weinerliches »Äääh, seit #MeToo weiß man ja gar nicht
mehr, ob man einer Frau noch die Tür aufhalten darf«-Gewim-
mer. So als Faustformel: Halte einer Frau nur die Tür auf, wenn
sie auch durchgehen will. Mache ihr ein Kompliment, zum
Beispiel »Das Alter ist doch nur eine Zahl«. Versuche dabei
dein Grinsen zu verbergen, während sich der Nachsatz »eine
verdammt große Zahl« vor deinem geistigen Auge manifestiert.
Und wenn du ihr etwas Schweres abnehmen willst, passe auf,
dass es nicht ihre Brüste sind!

Lasse klar durchblicken, dass du mit ihr ins Bett willst. Lasse das Ganze aber nicht wie eine Frage wirken. Sage deutlich, was du willst, dann wird sie dich auch wollen!

Sage nicht: »Ich will mit dir ins Bett«. Das ist zu plump. Sei subtil. Einfallsreich. Und vor allem LAUT. Schreie also so lange »ICH WILL FICKEN! FICKEN, HÖRST DU!!!«, bis die Mega-MILF ihr Hörrohr zur Seite legt, auf Knien angekrochen kommt und winselt: »Ach, mein Jung, dass ich das noch erleben darf! Wie hättest du es denn gern? Hartgekocht, Rührei oder Omelette? Ich freu mich immer so, wenn es euch schmeckt!«

3. GEHE MIT IHR INS BETT

Behalte die Kontrolle. Es wird sie sehr beeindrucken, wenn du jetzt die Führung übernimmst.

Richtig. Sie wartet nur darauf, dass du ihr jetzt zeigst, wo der Hammer hängt, denn selbigen hat sie Lichtjahre nicht mehr gesehen. Sie wird so ekstatisch sein, endlich wieder einen Mann im Haus zu haben, dass sie dir quasi während des Beischlafs schon dein hellblaues Lieblingshemd bügelt und den Fire-Magic-Aurora-Gasgrill auf Hochglanz bringt.

Tipp zum Schluss: Übertreibe es nicht mit den Getränken. Spare dir den Wein lieber für die Pausen zwischen dem Liebesspiel auf, statt sofort beim Reinkommen eine Flasche zu leeren. Sie könnte dich sonst für einen Alkoholiker halten.

Ja, mit den Drinks solltest du es nicht übertreiben. Sonst wacht sie nicht auf, weil sie mehr will, sondern weil sie pullern muss. Und womöglich schreibst du ihr im besoffenen Schädel noch deine richtige Telefonnummer auf. Aber was meinst du mit Pausen zwischen dem Liebesspiel? Ab einem gewissen Alter hat man Sex doch nur noch als Abwechslung in den Saufpausen. Und das mit dem Alkoholiker… mein Gott, Frauen in diesem Alter haben schon ALLES gesehen. Moderationen von Jean Pütz. Videos von Oli P. und Gunter Gabriel im Dschungel. Da wird so ein kleiner Billigfuselvollrausch uns schon nicht aus den *Hush Puppies* hauen!

Interessanterweise hört hier der Ratgeber auf. Keine Hinweise auf weitere nützliche Themen wie »So hältst du sie davon ab, sich mit dir bei helllichtem Tage blicken zu lassen« oder »So schlage ich ihre Einladung, im Park Tauben füttern zu gehen, freundlich, aber bestimmt aus«. Und ebenso interessant ist, dass es dieses Dossier umgekehrt nur als »How to have a relationship with an older man« gibt. Das Ganze liest sich wie eine Turbo-Ausbildung im Altersheim. Vom Dating keine Rede. Aber welche junge Frau (nach *wiki*-Kriterien wohl bis maximal 21) müsste auch nach Tipps suchen, wie man sich einen reiferen Mann angelt? Da müsste im Prinzip nur stehen: Stell dich irgendwo hin und atme.

Das Erschreckendste ist, dass am Ende dieses Survival-Guides für Mutti-Surrogatsucher steht: »Danke allen Autoren, dass sie eine Seite erstellt haben, die 1,7 Millionen Mal gelesen worden ist.« Hallo? Das heißt, es rennen gerade knapp zwei Millionen Eumel rum, die denken, dass ältere Frauen für ein bisschen Bartflaum ihren letzten Schlüpper geben würden? Das ist beängstigender als die Wahlergebnisse in Sachsen!

Obwohl, wenn ich's mir überlege, ist die Kombi junger Hirsch und alte Schachtel doch ziemlich gut. Denn egal, wen man bei so einem Bubi-Dating mit nach Hause schleppt, man kann sich immer sicher sein: Es ist nicht der Bohlen und nicht der Wendler.

PS: Nur so zur Sicherheit, als Spickzettel zum Anbringen am Leihporsche oder zum Auffalten und In-die-Butterbrottasche-Stecken:

Sätze, die man bei einem »Older Woman«-Date nie sagen sollte

- Du bist die schönste Frau, die ich seit Langem kennengelernt habe … also, seit Uta Ranke-Heinemann.

- Gehen wir in meine oder deine Wohngruppe?

- Nimmst du noch die Pille?

- Schöne Wohnung. Ist das Bad barrierefrei?

- Schlafen deine Kinder … oder sind sie schon tot?

- Ich mach's uns mal ein bisschen gemütlich … warte, der Sessel fährt sich von allein runter.

- Ich würde gern morgen neben dir aufwachen. Oder sagen wir: Hauptsache aufwachen.

- Ich schlüpfe mal in was Bequemeres … ach nee, hab ich ja schon an.

- Willst du dich noch mal frisch machen? Oder lohnt sich das nicht mehr?

- Spürst du auch, wie es knistert … oder ist das dein Hüftgelenk?

- Den Schlüpfer kannst du ganz leicht an der Seite auftrennen.

- Ist das ein Sexspielzeug oder ein Notrufsystem?

- Soll ich das anziehen oder hat die Pflegekraft das heute Morgen hier liegen lassen?

- Hast du was dagegen, wenn ich uns filme? Hab jetzt endlich auch VHS.

- Ich wusste, dass ich dich eines Tages wiederfinden würde, Mutter! Danke, Julia Leischik!

Mach mal langsam: Tiefenentspannung für Teilzeitneurotiker

Du merkst, dass du älter wirst, wenn dir deine beste Freundin einen Kurs »Stressbewältigung durch Achtsamkeit« schenkt.

Früher bekam ich von Moni eine Eintrittskarte für *Rock am Ring*, heute für einen Nachmittag im Nachbarschaftsbegegnungszentrum. Das ist es wohl, was man den Lauf der Dinge nennt.

Und überhaupt, »achtsam«, ich habe immer gedacht, ich wäre schon mein ganzes Leben lang achtsam. Also, ich gucke immer, dass mindestens die nächsten fünf Meter rechts und links keine Bahn kommt, wenn ich über die Straße gehe. Ich bin immer gut zu Tieren und manchmal auch zu Menschen. Und ich bringe immer meine eigene Frischhaltefolie mit und wickle die Salatgurken im Supermarkt damit ein.

Ich horche auch oft ganz tief in mich hinein, bevor ich wichtige Entscheidungen treffe. Meistens kommt dann dabei Folgendes raus: ökologisch ein Wahnsinn, enttäuschendes Preis-Leistungs-Verhältnis, nachweislich gesundheitsgefährdend, *Stiftung Warentest* ungenügend, aber hey, wir sind im Urlaub, also scheiß drauf!

Kurz, diesen ganzen Meditationshype fand ich immer reichlich übertrieben: Wenn ich will, dass einer vor mir sitzt und die Schnauze hält, kann ich doch genauso gut den Busfahrer nach einer Umsteigemöglichkeit fragen!

Aber gut, dachte ich dann doch, kann ja nicht schaden, mal ein wenig in mich hineinzuhorchen. Vielleicht finde ich mein inneres Kind, verborgene Stärken oder zumindest mein grünes Ladekabel, das ich schon so lange suche.

Zwei Wochen später lauschten Moni und ich in einer Begegnungsstätte, die sonst auch gern für Krabbelgruppen, Sitzgymnastik und Trauerkurse genutzt wird, einer älteren Dame (also mindestens fünf Jahre älter als ich und damit unfassbar alt!) mit weißer Leinenhose, weißem Flatterhemd und baumwollfeldfarbenem Haar, deren Inneres anscheinend genauso porentief rein war wie ihre äußerliche Erscheinung. Sie begrüßte uns mit einem flüsternden Stimmchen: »Hallo ihr lieben Menschen, ich bin Bärbel Wesseldonk-zu-Papenstedt und bin Expertin für Achtsamkeit durch MBSR, ACT und MBCL!«

Freundlich erwartungsvoll guckte sie in die Runde. Als sich unsere Blicke trafen, antwortete ich reflexartig: »Tach auch, Bode, ich bin Expertin für ADS und *C&A*.«

Um mich herum ein Dutzend stressverringerungswilliger Frauen (War ja klar. Männer entspannen sich offenbar lieber, indem sie achtsam ihre Socken *neben* den Wäschekorb schmeißen.), die einhellig befanden: Das hier ist nicht der Ort für Humor. Dies ist ein Ort für Selbstfindung, Gelassenheit und Flatulenz!

»Als Erstes möchte ich Ihnen MBSR vorstellen«, raunte die Weißhaarige im Tonfall einer anthroposophischen Puppenspielerin.

»Okay, aber wenn ich ›Stopp‹ rufe, machen Sie die Handschellen wieder auf, oder?«, warf ich leicht ängstlich ein.

Unbeachtet meiner Sorge erklärte Baumwoll-Bärbel weiter: »›MBSR‹ wurde von Jon Kabat-Zinn erfunden. Er ist der Vater der *Mindfulness Based Stress Reduction*.«

»Ja, und du bist die Mutter aller Probleme, dann passt ihr ja wunderbar zusammen …«, WOLLTE ich sagen, dachte ich aber nur. War das jetzt schon die Achtsamkeit? Schien ja alles schnell zu wirken.

Dann schlug die gute Frau einen Gong, der so lange nachhallte, dass ich mich einfach nicht beherrschen konnte und laut rief: »*MB* präsentiert!« Moni guckte böse.

Jaja, auch ich hatte verstanden. Bei diesem Achtsamkeitskurs ging es nicht um »Augen auf beim Eierkauf!«, sondern eher so um Innereien. Aber so schnell konnte ich nicht aus jahrelang praktizierten Verhaltensmustern ausbrechen, da müssen auch die Achtsamen mal Verständnis für haben.

»Gebe dir selbst die Erlaubnis, dich wahrzunehmen«, referierte Babs weiter.

»Gib!«, rief ich.

»Was?«

»Es heißt ›gib‹!« Moni stopfte mir ihr Blumenhalstuch in den Mund, sodass ich nur noch »iib« rufen konnte.

»Jetzt lass doch mal deine ständige Besserwisserei und lass dich einfach drauf ein!«, versuchte Moni mich zu beruhigen und warf den anderen einen fremdschämigen Blick zu.

Mit deutlich eingeschränkter Sauerstoffzufuhr im Gehirn konnte ich die folgende Sitzmeditation nur noch bruchstückhaft wahrnehmen. Was aber auch daran gelegen haben könnte, dass das orientalische Minisitzkissen ungefähr so bequem war wie ein antiker Melkschemel.

Mit geschlossenen Augen lauschten wir ihren liebevoll hingehauchten Imperativen: »Sei freundlich und wohlwollend zu dir selbst. Denke daran, es gibt keine falschen Gefühle. Was immer du spürst, akzeptiere es, es ist völlig in Ordnung.«

Ich spürte vor allem Schmerzen in der Hüfte, die Blähungen meiner linken Sitznachbarin und einen Riesenhunger auf *Baileys*-Cupcakes.

»Nimm deine Gedanken wahr, aber bewerte sie nicht«, ließ die menschgewordene Entdeckung der Langsamkeit vorn verlauten.

Ich bewerte meine Gedanken nie. Als aufmerksamkeitsdefizitär veranlagter Mensch ist das nämlich ziemlich schwer, weil pro Millisekunde Informationen wie »Mit der Kleinen Englisch üben!«, »Unbedingt Veranstalter XY zurückrufen und sagen, dass er mir vegane Mettbrötchen macht!« und »Was hat Tante Gerda eigentlich 1992 bei der Familienfeier gemeint, als sie sagte, mein Marmorkuchen wäre ein bisschen zu trocken geworden?« gleichzeitig über meine achtspurige Gehirnautobahn rasen.

»Vielleicht möchtest du die Hände auf deinen Bauch legen? Erspüren, wie sich die Bauchdecke hebt und senkt?«, säuselte sie weiter.

»Vielleicht möchte ich aber auch einfach nur die Beine in die Hand nehmen«, dachte ich, »denn die Gedanken sind frei, kein Mensch kann sie wissen, kein Jäger erschießen. Hey, was ist das wieder für eine gewaltdominierte Sprache im deutschen Volkslied, muss ich unbedingt mal eine Glosse für *bento* schreiben …« Aber da schlug schon der Gong.

»Hoch die Hände, Wochenende!«, hätte ich beinahe gerufen, aber ich hatte dazugelernt.

»Namaste!«, erklärte ich stattdessen mit einer Handbewegung, die eigentlich nur *DJ-Bobo*-Tänzer machen.

Als kleine Hausaufgabe für die nächste Woche gab uns Bio-Babs eine Übung mit: »Nimm dich selbst an, wie du bist. Und nimm deine Mitmenschen so an, wie sie sind.«

In der Garderobe, in der sich alle aus den bequemen weißen

Jogginghosen schälten, um sich genauso bequeme graue Jogginghosen anzuziehen, wollte ich eigentlich laut »HURZ!« rufen, aber Moni ermahnte mich: »Jetzt lass dich doch einfach mal drauf ein.« Recht hatte sie. Ja, ich war eine zynische alte Schachtel und musste unbedingt mehr Empathie an den Tag legen. Ich ging also in die Stadt, wo ich das eben Gelernte ja sofort in die Tat umsetzen konnte.

Als Erstes waren neue Schuhe fällig. Ich fand in einem Schuhgeschäft namens »Comfort? Kommt vor!« auf Anhieb ein paar anschmiegsame neue Treter, die fast alle meine Kriterien erfüllten: platt-spreiz-knickfußkompatibel, atmungsaktiv, rutschfest ... aber leider auch: beige.

»Entschuldigung, gibt's die auch in schön?«, fragte ich die Verkäuferin, eine patente Dame im besten Alter (also irgendwo zwischen 30 und 80).

»Aber hören Sie, der ist doch wunderschön, bequem, modern, und das Modell *Sahara* wieder immer gern genommen. Gerade erst habe ich meiner Mutter ...«

»Halt«, sagte sofort eine innere Stimme zu mir, »jetzt bloß nicht wieder übergriffig werden und die Frau mit Schuhkartons bewerfen!«

Ich legte den rechten Daumen auf das linke Nasenloch, atmete tief ein und langsam wieder aus und unterbrach ihren Redefluss.

»Ich verstehe Sie sehr gut«, sagte ich und legte ihr die Hand auf die Schulter. »Sie sind eine Poetin, gefangen im Körper einer Schuhverkäuferin, und möchten mir wirklich nichts Böses, sondern sehr achtsam durch die Blume sagen, dass ich mein Alter akzeptieren und dieses Gottesgeschenk ruhig auch in der Wahl der Fußbedeckung nach außen tragen soll. Das ist wirklich sehr lebensbejahend und aufrichtig. ABER DIE FARBE IST EINFACH NUR KACKE! ICH SEHE DAMIT JA AUS WIE DIE URGROSSMUTTER DER SCHAUKELSTUHL-MUTTI AUS ›PSYCHO‹!«

Sanft wurde ich daraufhin von den Sicherheitskräften aus dem Seitenausgang geschoben, und ich merkte: Hmm, das hat noch Optimierungsbedarf.

Nächster Anlauf: Dessousgeschäft. »Guten Tag, ich suche einen formstabilen BH in Größe 90C«, wendete ich mich an das Fachpersonal.

»Verstehe, Sie wollen so ein gut sitzendes Ding, wo einem beim Bücken nicht alles rausfällt«, sagte eine sehr bunt geschminkte Dame mit Dolly-Parton-Frisur.

»Nein«, erwiderte ich, »ich bin jetzt in dem Alter, wo man sich erst gar nicht mehr bückt. Aber gut sitzen sollte er schon.« Blondie musterte mich und fällte ohne Maßband, dafür aber offensichtlich mit 40 Jahren Berufserfahrung ihr Urteil: »FÜNFUNDNEUNZICH DÄÄH!«, schrie sie durch den ganzen Raum. »Dahinten, bei Übergrößen!«

In einer dunklen Ecke stand ein kleiner Ständer »für Frauen, die mehr zu bieten haben« (als Erbsen), mit genau fünf Modellen zur Auswahl. Aber immerhin: In dieser Größe hatten die Teile kein Schleifchen mehr in der Mitte mit neckischer Pack-mich-aus-wir-sind-ein-Geschenk-für-dich-Konnotation. Es hätte mich nicht gewundert, wenn irgendwo auf diesem Ständer noch das diskrete Schildchen »Bei Bedarf stellen wir Ihnen einen Wagenheber zur Verfügung« gestanden hätte.

Das Schöne an diesen Fachgeschäften ist ja, dass das Verkaufspersonal immer meint, nur weil man das gleiche Geschlecht hat, kann man auch die Umkleidekabine aufreißen und laut rufen: »Nein, DIESE Brust muss DA rein!«

So auch bei mir, wo meine hilflosen Versuche, mich aus einer houdiniartigen Selbstfesselung zu befreien, gleich die Leibchen-Fachkraft auf den Plan riefen, die sogleich wild an mir herumzuppelte. Aber ich ließ es zu: Einatmen, ausatmen, einatmen …

»Der ist okay«, sagte ich und spürte dabei schon wieder leichte Erregung aufwallen, »aber haben Sie den denn in einer Farbe, die nicht beige ist?«

»Das ist nicht beige, das ist cappuccino!«, flötete sie.

Das war zu viel. Mein persönlicher Siedepunkt war erreicht.

»Hören Sie, nur weil Sie berufsmäßig ungefragt die Milchdrüsen wildfremder Frauen anpatschen, müssen Sie mir noch lange nicht Goethes Farbenlehre erklären! Dieser Gently-Shaping-Minimizer-BH ist nicht nur bügelfrei, was beknackt genug ist, denn wer bügelt schließlich seine BHs, sondern er hat eindeutig eine Farbe irgendwo zwischen Leberwurstimitat und Wildschweinkacke, da können Sie ihn zehnmal ›cappuccino‹, ›terrakotta‹ oder ›mahagoni‹ nennen, er sieht immer noch aus wie Kinderkotze!«

Aber ich hatte die Frau unterschätzt. Sie war nicht aus der Ruhe zu bringen. Offenbar hatte sie auch schon einen Achtsamkeitskurs bei Baumwoll-Babsi hinter sich. Oder schon ein ganzes Sommercamp auf Sardinien. »Ich bringe Ihnen mal einen Schwarzen von ›Soraya‹. Die sind auf Problemgrößen spezialisiert«, säuselte sie hilfsbereit und unbeeindruckt von meinem steigenden Aggressionslevel. In einer Umkleide, die kaum größer war als eine Waage und mit einer Beleuchtung, in der der ganze Körper so kalkweiß wie die Klippen von Dover (und auch in etwa so geformt) aussieht, ist sie sicher viele verzweifelte Geschlechtsgenossinnen gewohnt.

»Aber sehr gern würde ich dieses Wohlgefühl verheißende

Polyester-Elasthan-Gemisch an meine Haut lassen«, begann ich, aber dann blinkte dieses Wort wieder auf wie der Aufruf »Last call« am Flughafen, und ich fuhr fort: »Aber sagen Sie, was heißt denn hier *Problemgrößen*? Wollen Sie meinen Brüsten defizitären Charakter unterstellen, weil sie nicht aussehen wie Hans und Franz, sondern wie Dick und Doof?«

Die Frau stand wortlos vor mir, und ich wusste nicht, ob ihr Unterkiefer oder die vielen Plastikbügel in ihrer Hand so klapperten.

Dann fiel es mir plötzlich wie Schuppen aus viel zu weit hervorstehenden Augen: »Nimm deine Gedanken wahr, aber bewerte sie nicht!« Das war ja der eigentliche Plan des Tages.

»'Tschuldigung!«, raunte ich. »Der ist super. Packen Sie mir den ein, aber bitte in 100e.«

»Geht das so mit?«, fragte sie mich dann so semifreundlich an der Kasse, nachdem sie das Gerät in Seidenpapier mit Lavendelduft eingerollt hat, um die 89,95 Euro zu rechtfertigen.

Und ich merkte, wie mir die Achtsamkeit durch Körper, Geist und Zunge rutschte und von meinem ganzen Wesen Besitz nahm, denn ich sagte nicht: »Ja bitte, eine Sackkarre!«, sondern nur mit einem gütigen Gesichtsausdruck: »'türlich.«

Dann ging ich mit Moni ins City-Café. Erkenntnis des Tages: Beige geht voll klar. Aber nur als Kaffee-Küchlein, Brownie-Batzen oder Mokka-Schocker. Am besten gleich alles zusammen.

Nomen aus *Das Omen:* Vornamen-Horror

Du merkst, dass du älter wirst, wenn dein Sparkassenberater mit Vornamen Kevin heißt.

Hä? Kevins, Devins und Melvins … das waren doch eben noch Namen auf Autoaufklebern, und jetzt sind die schon ERWACHSEN? Wie alt man ist, wird mir auch immer wieder schmerzlich bewusst, wenn ich mit meinen Kindern in diese furchtbaren pseudohippen Kaffeehausketten gehe und die dann fragen: »Wie heißt du?« Ich antworte dann immer: »Das geht Sie, junger Mann, gar nichts an, und ich finde diesen Flirtversuch auch äußerst plump und einfallslos!«

Worauf dann ein übernächtigt wirkender Erstsemester-Studi müde lächelnd antwortet: »NeeichmeinfürdemBecher.« »Ach so, für dem Becher. Äh, Sabine.« Und wenn es dann eine Dreiviertelstunde später durch den Laden schallt »Für Saaabiine«, dann klingt das nach »Inge«, »Gertrud« oder »Hedwig«. Wobei die ja schon wieder angesagt sind. Wer heute wirklich ommihaft wirkt, heißt Simone, Petra oder Cordula und wird von pickeligen, wollmützigen Heulsusenliedermacherfatzken mit Liedern über mangelndes Tanztalent bedacht. Allerdings, wenn ich mir so anschaue, wie die Vornamenstrends der jüngsten Generation sind, dann bin ich mit Sabine-Stephanie doch ziemlich zufrieden. Ich meine jetzt nicht Allroundnamen wie Paul und Marie. Kann man machen. Tun keinem weh. Aber mal ehrlich: Wer Kinder hat, die Paul oder Marie heißen, der hält doch sicher auch einen Soßenlöffelabtropfhalter für eine prima Idee, oder? Nein, ich meine diese Namen, bei denen man unweigerlich von den Eltern wissen möchte: Alter, was habt ihr denn geraucht? Da ich das letzte Drittel meines Lebens viel Zeit in diversen Indoor-Spielplätzen, Spaßbädern und anderen Gruselkabinetten verbracht habe, hatte ich viel Zeit, mir mal Gedanken über meine persönliche Vornamen-Hass-Top-Ten zu machen. Biddeschön:

10. Jetaime Jellanie

Jetaime Jellanie wird irgendwann mal mit ihrer Mutter eingehakt durch die Stadt gehen und bei *Shopping Queen* sagen: »Meine Mutti ist meine beste Freundin und total flippig für ihr Alter«, weil sie sich die vordere Ponypartie mit Haarkreide einfärbt, um einen auf jung zu machen und Jetaime Jellanie ein getigertes Bustier-Top Gr. 46 trägt und damit aussieht wie eine Statistin für die Rolle »aufgebrachte Sonnenstudiobesitzerin« in einer Scripted Reality. Und unisono fragt eine die andere: »Na, sollen wir beide gleich ma schön so 'nen Smotti trinken gehen?«

9. Aragorn-Klaus-Dieter

Der konsequente Name für Menschen, die ihren modischen Stil als »ich mixe gern Markenklamotten mit Flohmarktteilen« bezeichnen und gern »gut bürgerlich, aber mit so einem kleinen Street-Food-Edge« essen gehen. Sehr beliebt bei Versicherungsvertretern mit Hang zu Fabelwesen-Fibeln. Der Namensinhaber schiebt unliebsame Aufgaben gern mit der

Begründung »Ja-haa, ich komme, muss nur noch eben schnell den Ring nach Mordor tragen!« auf. Typischer Turn-Beutlin-Vergesser.

8. Bo

Für sprachökonomisch orientierte Eltern, die durch minutenlange »RÜÜ-DII-GEEER«-Rufe in ihrer eigenen Kindheit traumatisiert sind und nun was Kurzes, Zackiges, Minimalistisches wollen. Beliebt auch Kim, Jong oder Un.

7. Liberty-Lynn

Da fragt man sich doch: Was war zuerst da? Das Kind oder der Heckscheibenaufkleber? Das Schöne bei einem Kind namens Liberty-Lynn ist, dass man automatisch weiß, wie die Eltern heißen. Klarer Fall: Yvonne und Nils. Yvonne gehört dem teutonischen Stamm der »Yvonnes« an, die sich durch ritualisierte Verhaltensmuster geheim mit anderen Yvonnes verbunden fühlen. Yvonnes hören Musik »so querbeet«, am liebsten Fetenhits der 80er, und gucken gern die Chart-Show. Sie fahren im Rudel um 4 Uhr früh in Esprit-Outlet-Stores in Holland, weil's da total süße Tops echt günstig gibt. Yvonnes tragen gern Ballerinas und Fußkettchen und nehmen auf Reisen feuchte Sagrotantücher mit. Wenn Yvonnes sich mit anderen Yvonnes, die manchmal auch Nicole oder Sylvie heißen, treffen, dann sitzen sie zu Hause auf der weißen Eckcouch am Glastisch, über dem ein Wandtattoo mit dem Spruch »Sei immer du selbst« prangt, und blättern in *Lauras*, *Petras* oder *Freundins*, um herauszufinden, wer »du selbst« eigentlich bist. Hier befinden sie dann, dass es ja total supi wäre, sich für den Junggesellinnenabschied von Nicole die gleichen T-Shirts drucken zu lassen! Aufschrift: *»Schatzsuche beendet!«*

Yvonnes finden, dass *Vapiano* »ja wirklich mal was anderes« ist, und gehen auch gern mal mit den Mädels zum James-Blunt-Konzert.

Yvonnes haben einen Freund, der Nils heißt und der Kausalsätze gern mit »eildiweil« einleitet. Yvonnes und Nilse lassen sich auf Teneriffa das gleiche Tattoo stechen. Aber erst, nachdem sie zwei Stunden im Vorlagenbuch geblättert haben, denn *»es soll ja schon irgendwie mit uns persönlich was zu tun haben«*. Sie entscheiden sich dann für einen Drachen auf dem Unterarm, denn das ist irgendwie mystisch, und beide haben ja *Twilight* gesehen. Fünf Jahre später sieht der Drache aus wie eine ausgelutschte Weingummischlange, aber mit ein bisschen Glück findet sich hinterm Hauptbahnhof Essen-Vollhorst noch ein Tätowierer, der daraus den Namen »Liberty-Lynn« formt.

6. Honk

Coole Idee, sein Kind Honk zu nennen. Aber warum nicht, wenn es doch nachweislich erlaubt ist? Honk ist das erste Kind, das sich freut, wenn es »du Otto« genannt wird. Es sei denn, es heißt nur mit Zweitnamen Honk und sein unterstrichener Rufname lautet »Voll«.

5. Peaches-Destiny

Zu Deutsch: das Schicksal der Pfirsiche. Natürlich können Sie Ihr Kind »Destiny« nennen. Aber dann müssen Sie sich auch eine herausgewachsene Jennifer-Rush-Dauerwelle stylen, sich in einen Kunstleder-Mini-Zweiteiler von *Clockhouse* pressen und auf die Frage »Ist das Ihr Kind?« in eine Rundbürste singen: »It's my Destiny, and it's hard to see how I could hate her more…« Und was soll Peaches noch kontern, wenn ihr mal jemand in der Kita »Du Obst!« vor den Kopf ballert? Vielleicht: »Ach, hör doch auf mit dem Namens-Bashing. Komm, Apple-Melody, wir gehen!«

4. Peterle

Es ist ja wirklich total süß, wenn Eltern ihren Sprössling Verniedlichungsnämchen geben. Die Amis lieben ja auch den Vornamen Gretchen. Aber mal im Ernst, man stelle sich mal vor, dass Peterle mal Vorstandsvorsitzender bei Thyssen-Krupp wird und es über den Konferenztisch schallt: »Klaus, wer hat denn die Jahresbilanz genehmigt?«, und dann der Sachbearbeiter kleinlaut antwortet: »Peterle«!

3. Sydney-Sevilla

Was haben Madonna, die Beckhams und das Kim-Kanye-Gespann nur angerichtet, nachdem sie ihre Kids nach Orten genannt haben? Ich fürchte, diese Lourdes-Brooklyn-Chicago-Mode treibt noch ganz tolle Blüten, und es würde mich nicht wundern, wenn es inzwischen schon durch die Bochumer Kinderspielfabriken schallt: »Kommt, Lindsey-Langendreer und Rocko-Riemke, wir müssen doch noch nach die Oma-Schalke hin!«

2. Rihanna/Elvis/Shakira

Kann man machen, wenn man seine Kinder schon in der 33. SSW in der Talentshow anmeldet, damit wenigstens einer in der Familie mal Erfolg hat. Man muss sich dann aber nicht wundern, wenn der Sprössling irgendwann mit einem »Pfui! Cellulite!«-Headline auf der *Closer* prangt, an einem Erdnussbutter-Sandwich erstickt oder in der Schinkenstraße als Vor-Vor-Act von Willi Herren auftritt.

1. Groby

Meine Freundin Beate, die mich immer mit Breaking News aus der Bärchengruppe versorgt (»Mein Papa hat gerade ganz viel Arbeit im Büro. Die haben gerade die Stricher im Haus!«), erzählte mir neulich von einem Kind, das diese Liste zweifelsfrei anführt: Es hört auf den Namen Groby. Und hat vier Geschwister, die Bertie, Ernie, Elmo und Bibo heißen. Ich sag mal: Jeder, wie er will, aber das kommt wohl dabei heraus, wenn man seine fruchtbaren Tage von Graf Zahl ausrechnen lässt.

Da lobe ich mir doch die Olchis. Die nennen ihre Brut nur »das eine Olchi-Kind« und »das andere Olchi-Kind«. Übrigens, falls wer wissen will, wie meine Kinder heißen: Nun, ich gebe zu, ich stehe ja auf indianische Vornamen. Also, jetzt nicht Shawnee-Cheyenne oder so. Das klingt ja wie ein Traumfängermobile von *Ernsting's Family*: Voll spirituell so. Nein, unsere Kinder heißen so, wie es uns mal ein uralter Hopi-Indio einer authentischen Folkloregruppe vor *Karstadt* im Ruhr-Park aus der Hand gelesen hatte. Okay, es war ein bisschen schwierig, den Standesbeamten von den beiden Anreden »Die erst bei Vollmond aufsteht« und »Die den Brokkoli fürchtet« zu überzeugen. Aber dafür sehen diese auf unsere abrasierten Schläfen tätowierten Namen so was von hammerkrass aus. Macht glatt acht Monde jünger.

»MAN IST NUR
EINMAL JUNG,
ABER
UNVERNÜNFTIG
KANN MAN
IMMER BLEIBEN.«

Wie sag ich's meinem Partner:
Trennkost mal anders

Du merkst, dass du älter wirst, wenn in deinem Terminkalender kaum noch Hochzeiten stehen, dafür aber immer mehr Scheidungspartys.

Warum immer mehr Beziehungen auch nach langer Zeit zerbrechen? Ich habe da so eine Vermutung: Wir können nach langjähriger Berufstätigkeit unsere Jobsprache zu Hause einfach nicht ablegen. Und das führt nicht nur zu jahrelanger gestörter Kommunikation, sondern am Ende in allen Berufsgruppen auch zu sehr eigenartigen Trennungsgesprächen. Hier mal ein paar Beispiele, wie man es möglichst NICHT machen sollte, wenn man wenigstens noch die Schrankwand oder einen der beiden Goldfische zugesprochen haben will:

Pilot

»Guten Abend, liebe Sylvia, mein Name ist Captain Berger und ich möchte dir mitteilen, dass dies unser letzter gemeinsamer Flug ist. Auf der rechten Seite siehst du meine Plattensammlung, auf der linken deine. Bitte bring doch deine Kinnlade wieder in die senkrechte Position und schalte auch dein Handy mit dem beknackten ›Hulapalu‹-Klingelton aus. Ich werde in circa drei Stunden im Anflug auf Ibiza sein – mit der TUI-Schlampe aus der Morgen-Crew. Thank you for your attention.«

Krankenschwester

»Guten Morgen, lieber Norbert, na, wie haben wir geschlafen? Leider muss ich dir mitteilen, dass heute Trennkost auf deinem Speiseplan steht. Ja, da KANN der Blutdruck schon mal etwas hochgehen. Aber er geht sicher gleich auf 180 zurück, wenn ich dir sage, dass ich dahintergekommen bin, dass du schon seit März mit meiner Kollegin Anna-Lena von der Station 4a deinen Thrombosestrumpf-Fetisch auslebst. Das Gute: Sie arbeitet jetzt bei der mobilen Pflege und kommt ab jetzt jeden Morgen vorbei, um nach dem Rechten zu schauen. Ich habe ihr genau aufgeschrieben, wo deine TENA-Men-Active-Fit-Pants liegen. Wenn was ist: Einfach hier auf den Knopf drücken. Es ist nur die Fernbedienung fürs Garagenrolltor, wird dich aber eine Weile beschäftigen.«

Profifußballer

»Du, äh, Schatzi, ich muss dir gestehen, dass ich in letzter Zeit mal, äh, öfter auswärts am Spielen gewesen war. Ich meine, ja gut, deine Bälle sind jetzt nicht mehr sooo rund. Ich sach mal, du hast ja schon bei vier Geburten aggressives Pressing gemacht gehabt, und deswegen siehst du ganz vorn in der VIP-Lounge jetzt auch nicht mehr sooo optimal aus. Sorry, Cosmea-Shantice, aber ich glaube, wir haben da echt keine Schangse mehr. Oh, hatte gerade auf den Küchenfußboden gerotzt gehabt, machste das noch bitte weg? Kriegst auch ein Milliönchen extra. Dangeschön.«

Marktverkäufer

»So, jetzt komm ma hier ran zu Vatti! Ich habe heute meinen großzügigen Tach, ich habe dir schon alle Taschen gepackt! Hier, randvoll: ein Fön, ein Toaster, das Bilderrahmenset, und das Hochzeitsalbum packe ich auch noch obendrauf! Ach, was sage ich, nimm den Ring auch noch mit, weg mit dem Plunder, alles muss raus! Und die Kinder: nicht sieben, nicht acht, nicht zehn, nein, alle zwölf Blagen kannste mitnehmen! Schönen Tach noch und tschüssikowski!«

Waldorflehrerin

»Lieber Jeremias, ich möchte zunächst einen angstfreien Raum schaffen, um dir die folgende Mitteilung zu tanzen: Ich kann nicht noch ein weiteres Jahrsiebt mit dir verbringen. Ich habe im biodynamischen Selbstfindungskurs auf Gut Kunterbunt gelernt, dass unsere Lebensentwürfe einfach zu verschieden gestrickt sind. Du bist eher so ein Hanf-Dampf in allen Gassen, ich so eine Demeter-Drömmeltante. Du weißt ja, ich lebe nach der Devise: Leidenschaft ist das halbe Leben, Vertrauen das andere Drittel.«

Beamte

Beamte sollten möglichst keine standardisiert gefalzten Dokumente im Sichtfensterumschlag auf dem Frühstückstisch lassen:

»Liebe Birte, bezugnehmend auf Ihr Schreiben von heute Morgen ›Betreff: Du Arschloch, ich gehe!‹ teile ich Ihnen mit, dass ich mit sofortiger Wirkung keinen Anspruch mehr auf den Kosenamen ›Mausi‹ trage. Selbiges gilt für die Varianten ›Schnuckel‹, ›Spatzi‹ und ›Mullebärchen‹. Bitte räumen Sie alle verbleibenden Güter in die DIN-A4-Ablagekörbe in die Regale A bis E, donnerstags in die Regale C bis F. Gegen diese Mitteilung können Sie binnen 14 Tagen unter Angabe der Sachbearbeitungsnummer 1248389-AK55c/19 Einspruch einlegen.«

(Dieses Schreiben wurde maschinell erstellt und ist auch ohne Unterschrift gültig.)

Ding-Dong, Abendbrot: Kochen für Deppen

Du weißt, dass du älter wirst, wenn du selbst noch willens und in der Lage bist, drei Möhren zu schnippeln und zwei Tassen Reis abzukochen, statt dir dein Abendessen aufs Gramm abgewogen von *HelloFresh* ins Haus liefern zu lassen.

»Do it yourself«, das große Schlagwort früherer Jahrzehnte, ist vorbei: Für alle Fahrzeugtypen gab es die entsprechende Literatur (»Audi 80 – Jetzt helfe ich mir selbst!«), auf allen Fernsehkanälen heimwerkelten Peter-Lustig-Verschnitte in Latzhosen fröhlich drauflos und produzierten vom Vogelhäuschen bis zum Carport alles eigenhändig. Die Menschheit schien damals ein Volk von Hemdärmelaufkremplern gewesen zu sein. Die Wahrheit aber ist: Die Leute wussten einfach nicht, wer es sonst machen sollte. Das ist heute freilich anders. Der moderne Mensch muss gar nix mehr selbst erledigen. Außer beauftragen: Pizza-Flitzer. Call-A-Cleaner. Rent-A-Hemd. Für alles gibt's den passenden Service. Ich gebe ja zu, auch schon dann und wann beim bösen Onlinegiganten Unterziehwämschen bestellt zu haben, allerdings nur, um im Fachhandel nicht von gelangweilten Aushilfskräften, die bei einer Frage nicht mal von ihrem Sudoku aufgucken, den Satz hören zu müssen: »Nur, was da hängt!« Und ich bin auch nicht vollends trendresistent und könnte mir stundenlang im Netz anschauen, wie irgendwelche Stimmcoaches sich Videos von Sängern angucken, diese live kommentieren, während ein anderer in einem dritten Fenster ihre Kritik kommentiert. Aber Kochboxen, bit-te! Wer lässt sich die Zutaten für ein Süßkartoffel-Bohnen-Chilli mit Rezeptkarte nach Hause kommen? Vielleicht, weil er einen Süßkartoffelbaum im Garten hat, aber nicht weiß, wann die Knollen von den Ästen geschüttelt werden müssen (oder war es doch Pflaume?). Oder keine Ahnung hat, wann die Salatkräutertütchen am Strauch reif sind? Ist es diesen Menschen vielleicht zu viel, einen ganzen Chili zu kaufen, weil man ja nur einen halben braucht und es ja einen schlechten ökologischen Fußabdruck hinterlässt, wenn man die andere Hälfte in Alufolie einwickelt? Dann lieber mundgerecht ordern, und wenn man mal nicht da ist, für den Paketboten einen Zettel an die Tür kleben: »Bin nicht da, geben Sie's doch unten im *Edeka* ab!«

Das Irrwitzige an diesem Kochversager-Hype: Neulich hatte ich sogar eine Anzeige dieses grammgenauen Graupenlieferanten in meiner Facebook-Timeline mit dem Slogan: »Drei Dinge, die du aus Tannenzapfen basteln kannst«! Geht's noch? Keine Zeit, die Zutaten für ein Butterbrot selbst einzukaufen, aber Basteln bis zum Burnout? Und was, bitte schön, soll man sich aus Tannenzapfen Schönes basteln? Vielleicht ein Kohlrouladen-Imitat, das man sich als Mobile in die Küche hängen kann (»Guck mal, habe leider zu viele gemacht, weil ich nicht weiß, wie man Rezepte für den 2-Personen-Haushalt abschätzt«)? Oder man streicht die Zapfen mit Kokosfett ein und streut so viel Leinsamen drüber, dass dieser als Upcycling-Zapfen in Kiefernoptik durchgeht, auch schön.

Nix muss man mehr selbst machen, und das nervt! Früher ist man ins Reisebüro gerannt, hat der braun gebrannten Beraterin geglaubt, dass Calla Ratjada »immer gern genommen«

wird. Einzig den Rechtsberater für die Zimmerreklamation musste man sich nach der Heimkehr selbst raussuchen. Heute sucht man sich drei Wochen auf *Check24* dumm und dusselig, um den größten Schnapper für den zweiwöchigen Urlaub zu suchen, weil es ja noch kein Vergleichsportal gibt, das Vergleichsportale vergleicht.

Und auch der gute alte dicke Otto-Katalog, wo Vatti sich immer jedes Jahr einen Zehnerpack Feinrippwäsche und zwei bügelfreie Hemden bestellt hat, hat ausgedient: Heute bestellt man bei *Outfittery*, neudeutsch für »Wir tun für viel Geld so, als ob wir dir persönlich dein neues Outfit aussuchen!«. Eine tolle Idee, Männern bei der Klamottenauswahl behilflich zu sein. Bis jetzt war für diese Klientel das einzige Kriterium, wenn man morgens ein Teil anzieht, ob es noch einen weiteren Tag übersteht oder nicht. Das ist nun anders. Kai-Uwe aus Wermelskirchen klickt jetzt im Netz seine Modepräferenzen an und lässt sich ein Stylingprofil erstellen. Wahrscheinlich sitzt dann in irgendeiner Lagerhalle in der Lausitz eine gelangweilte Modestudentin und macht »A, U, S, aus, du hast 'ne Laus«, bastelt vor lauter Langeweile aus dem ausgedruckten Kundenprofil eine Papier-Tannenzapfen-Installation und packt dabei abwechselnd braune Schuhe zu grünen Hemden und grüne Schuhe zu braunen Hemden. Und wenn König Kunde dann zwei Tage später sein Paket aufmacht, denkt er freudig: »Endlich mal eine Frau, die auf meine Wünsche eingeht! Sollen die Kollegen von der Schadensabteilung A-D doch lachen, das kurzärmelige Flanellhemd mit Allover-Flamingo-Druck unterstreicht wirklich meinen Typ!«

Was kommt als Nächstes? Eine App, die einem für Dating-Portale eine interessante Persönlichkeit bastelt (»Gerlinde, 45, Hobbys: Lesen, Schwimmen, Haustiere ausstopfen«)? Ein

Opinion-Generator, der einem wahlweise nach vorausgesagten Tageshöchsttemperaturen oder von *Forsa* erklärten Volksstimmungen abhängig eine passende eigene Meinung ausspuckt? Mit der patentierten Betitelung *Martin-Schulz-O-Mat* sicher ein Renner!

Ich fänd's viel schöner, wenn der Satz »Darf ich Ihnen das abnehmen?« einfach mal wieder an die Einkaufstaschen schleppende Omi von nebenan gerichtet würde. Aber nein, während Omi sich noch selbst abrackert, wird ihre einfache Lebenswelt von anno dazumal stattdessen lieber als Nachhaltigkeit vermarktet: Wer selbst Seife herstellen will wie zu Großmutters Zeiten, ganz ohne Mikroplastikkügelchen und Schlachtabfälle, der bestellt einfach bei *Daily Soap* sein Komplettset aus Rohseife, Gießförmchen, 17 Atemnot verursachenden Duftölen und Schneidebrett, alles hübsch verpackt in zwei Kilo Luftpolsterfolie. Nur die Sendung bitte nicht so lange neben dem Paket von *Hello Fresh* stapeln, sonst nehmen die zwei Stängel Zitronengras für die Asia-Pfanne für Dummies schnell den Seifengeruch an.

Wir haben übrigens nicht nur das Kochen verlernt, auch das gute alte Prinzip des Essengehens gerät immer mehr in Vergessenheit. Denn mal ehrlich: Wann waren Sie das letzte Mal essen? Einfach nur essen, ohne dass sich im Restaurant eine Artistin im Glitzerbadeanzug vom Kronleuchter geschwungen hat, ein 11-köpfiges Balkanorchester von Tisch zu Tisch gezogen ist und der Kellner mit dem Trinkgeld Zaubertricks vollführt hat? Es dürfte lange her sein.

»Erlebnisgastronomie« heißt das wohl. Früher reichte es an Erlebnis, wenn man tatsächlich das bekam, was man bestellt hatte – bestenfalls noch mit einer Tomatenscheibe garniert. Ist es ein Zeichen meiner nahenden Senilität, dass ich einfach nur essen gehen möchte, um etwas zu essen?

Gibt es irgendwo noch die Möglichkeit zur geselligen Nahrungsaufnahme, bei der man nicht noch Teilnehmern des VHS-Kurses »Schauspiel für Anfänger« beim Inszenieren eines faden Krimis zugucken muss? Kurz, wo man hingeht, weil man Hunger hat, sich vielleicht auch noch unterhalten will, aber nicht, weil man nachher einen Grammy an den besten Darsteller und die geometrisch interessanteste Drapierung der Lebensmittel verteilen will?

Die Serie *Big Brother* wurde einst als »Menschenzoo« verschrien. Jetzt strömen die Großstädter in Systemgastronomie-Ketten, wo man Angestellten mit Haarnetzen in der gläsernen Showküche dabei zugucken kann, wie sie Teigstücke in eine Nudelmaschine stecken. Vorbei die Zeiten, als man bei einem Date noch mit dem Satz »Du, ich kenne da eine kleine romantische Trattoria, da macht die Oma die Ricottataschen noch selbst« punkten konnte, heute möchte man statt eines Handschlags von Salvatore am Eingang eine Chipkarte bekommen und sicher sein, dass der »Pasta Deal Of The Day« in Hamburg genauso schmeckt wie in Solingen-Ohligs.

Man weiß, dass man unrettbar verloren ist, wenn man den Satz hört: »Waren Sie schon mal bei uns?« Dann kriegt man nämlich eine Chipkarte in die Hand gedrückt, aus dem Tisch fahren Laptops mit Snacks, Sides und Salads hoch, die man nur nach Lust und Laune anklicken muss. Daraufhin kriegt man von fünf verschiedenen Kellnern, die alle in der Küche auf Stand-by hocken und nur drauf warten, bis sie das Gericht aus der Folie ziehen dürfen, für das sie heute eingeteilt sind, jeweils ein Schälchen Gurken (»Green Feelings«), Tomätchen (»Red Surprise«) und irgendwas, das aussieht wie abgehobelte Schuppenflechte (»Coleslaw«), geliefert. Gute Sache, aber wo sind die Bestellfenster für Beruhigungsmittel für Kinder, die sich am Nachbartisch die Lunge aus dem Leib röcheln, weil sie erfahren haben, dass man auf dem Ding nicht die neueste Folge *Peppa Wutz* streamen kann?

Der Höhepunkt der Nahrungsmittelinszenierung heißt wohl Molekularküche: Rote-Bete-Bonbons, Kaviarschaum und Selleriesoufflé, 32 qualmende und brodelnde Gänge in Minimaloptik für 250 Euro und das sichere Gefühl danach: Satt ist anders.

Und was sind das für Food-Oasen, die sich vorzugsweise in grellen Shoppingmalls befinden und wo sich jeder seine Lieblingssnack (oder auch einfach die kürzeste Schlange) aussuchen kann, um dann in der Gemeinschaftsbestuhlung zwischen Plastikpflanzen und Akkuladestationen Platz zu nehmen, meist zwischen sehr appetitlichen Tablettrückgabestationen und mit den Hufen scharrenden Mittagspäuslern (»Sorry, wird das hier gleich frei?«)?

Nee, ich bin da echt altmodisch: Wenn ich zum Essen gehe, möchte ich gefälligst eine verschmierte Speisekarte, auf der liebevoll handschriftlich geschrieben steht »Gordon Blö«, »Schnitzel vom Jäger« oder »Tagesgericht aus«. Da möchte ich draufzeigen, der Kellner soll dann sagen, »Pizza Schampjon is aus«, darauf bestelle ich eine große 17 und fertig!

Und ich möchte weiterhin dumme Gesichter am Nebentisch sehen, wenn sich einer mokiert: »Hei, Herr Enrico, ich habe eine Caprese bestellt, und Sie bringen mir einen Tomaten-Mozzarella-Salat?«

Überhaupt, wenn es schon ein total trendiges und innovatives Konzept sein muss, wie wäre es denn mit dem hier: Eine rauchige Opa-Kneipe, bei der in allen Branches (also in Marl-Sinsen und Gelsenkirchen-Horst) zwei bezahlte Schauspieler in Cordjacke und Schaffnerkäppi am Tresen Sätze über »die

Jugend von heute« ablassen oder mit »Ich bin ja kein Rassist, aber« beginnen (oft auch eine Kombi aus beidem) und wo der »Deal Of The Day« auf einer ollen Coca-Cola-Schiefertafel aus den 70ern steht: Uschis Kartoffelsalat. Und als Topping des Tages vielleicht noch eine Dillgurke dazu.

Für immer 39:
Wie die Werbung uns Frauen verarscht

Du weißt, dass du älter wirst, wenn du merkst: »Oh Gott, die Frau, die in der Werbung sagt: ›Ich lache, ich niese, ich piss mir in die Buxe!‹ ist ja in MEINEM Alter!«

Das mit der Buxe sagt sie natürlich nicht, sondern »Ich habe Blasenschwäche«. Was ja aufs Gleiche hinausläuft, und zwar im wahrsten Sinne des Wortes. Aber diese ständigen Euphemismen sind der beste Beweis, dass man jetzt schon mit Ende 40 in das Alter kommt, wo andere genau überlegen, was sie zu einem sagen und vor allem, wie. Der Optimierungstrend ist ja schon an sich eine Seuche: Wir sagen »Rückbau« statt »Abriss«, »Stuhl« statt »Kacke« und »verhaltensoriginell« statt »balla-balla«.

Die Werbung treibt die Verschleierungstaktik aber auf die Spitze, vor allem bei der Generation *Granufink*. Ich sage nur: »Blähbauch«. Für mich das Unwort des Jahres. Blähbauch, was für eine Beschönigung! Früher gab es das Wort nicht, da hieß es: »Mensch, Inge, ich kann nicht kacken!«

Irreführend auch der Slogan »*Plantur 39* – für das Haar ab 40!« Wenn ich 40 bin, wieso soll ich mir dann *Plantur 39* kaufen? Das Shampoo mit Spülung und eingebauter Dyskalkulie, oder wie?

Ich finde, die Werbung muss die Dinge beim Namen nennen: Warum heißt wohl sonst das meistgekaufte Klopapier *Happy End?*

Früher, in der guten alten Werbezeit, da wurde noch Tacheles geredet. Da hat die *Ariel*-Klementine immer zwei karierte Geschirrtücher gehabt, und was klebte da dran? *Ei, Blut, Kakao!* Ja, das konnte man sich vorstellen! Ein Eindruck aus dem netten Psychopathenhaushalt von nebenan! Mal eben die minderjährige Geliebte um die Ecke bringen, die hat noch ein bisschen Rührei und Kakao am Lätzchen, aber auch die 30 Liter Blut kriegt *Ariel* rucki-zucki wieder raus!

Früher war die Werbung noch einfach und deutlich: 30, 60 oder 95 Grad, nix *Soft Satin Pearls For Sensitive Skin.* Da waren die Botschaften noch »no fuzz«. Es gab etwa tatsächlich die Zeile »Komm ich morgens ins Bad, ist die Welt noch fad, ich brauch mein Creeedo!« Credo, das ist übrigens Latein und heißt »ich glaube«. Damals hat man seinen Frischezustand noch mit einem dezenten Riecher im Achselbereich bestimmt: »Schnief, schnief – och, ich glaub, es geht noch!« Ja, in den 70ern, da haben wir die Dinge noch beim Namen genannt. Ich sage nur: »*Banner bannt Körpergeruch!*« Da brauchte man keine blaue »Ersatzflüssigkeit«. Da schwitzte man noch große nasse Flecken in die Polyacrylhemden! »Körpergeruch«, allein das Wort wäre heute tabu! Und es wird immer schlimmer: Neulich las ich in der *Freundin* eine Anzeige mit der Überschrift: »Schwangerschaft, Minipille oder Stress – es gibt viele Ursachen für Scheidentrockenheit«. Das Verstörende an der Anzeige für eine Salbe namens *Vagisan* war nicht das völlige Fehlen jeglicher Bebilderung, sondern ein kleiner Coupon zum Ausschneiden unten rechts, auf dem stand: »Intimer Kauf ohne Worte. Ihre Apotheke erwartet Sie gern mit diesem Coupon. Apotheker und Apothekerinnen wissen dann, was Sie kaufen möchten.«

Immer diese Verschämtheit! In den 70ern hätten wir uns eine drei Meter lange Tube *Vagisan* untern Arm geklemmt, wären damit durch den Park gejoggt, und dazu hätten wir zur gleichen Melodie wie für *Wrigleys Spearmint Gum* gesungen: »*Juckett dir im Schritt, Schritt, Schritt, Vagisan muss mit, mit, mit!*« Aber jetzt im Ernst, stellt euch mal vor, ihr steht so in der Schlange beim Apotheker, und vor euch wird eine Frau gefragt: »Bitte schön, die Dame, was darf's sein? Woraufhin diese erst nach rechts und nach links guckt und ihm dann diesen Zettel rüberschiebt, der so gar nicht nach einem handelsüblichen Rezept aussieht. Der Apotheker geht daraufhin wortlos ins Lager. In so einem Moment würde ich denken: »*Scheiße, Überfall! Die Frau ist tablettensüchtig und will ihre Beruhigungsmittel hier unentgeltlich mitnehmen!*« Gut, wenn dann der Apotheker rauskommt und posaunt: »So, Frau Kleinmüller, hier ist Ihre Salbe gegen Scheidentrockenheit, bitte dreimal täglich dick auf die bröckelnden Stellen auftragen!«

Kurz, Mittelalter-Frauen werden verarscht, wo es nur geht. Wenn sie denn überhaupt vorkommen in der Werbung. Denn bis auf eine bis zur Unkenntlichkeit weichgezeichnete Jane Fonda sieht man die Generation 50 plus hier kaum. Und das, obwohl bis zum Jahr 2050 der Anteil der sogenannten Best Ager (Euphemismus für Tattergreise) unter den Deutschen auf 50 Prozent anwachsen wird und sie mehr als 60 Prozent des verfügbaren Vermögens in ihren mit Produkten »für die anspruchsvolle Haut« übercremten Händen halten.[1] Dabei brauchen wir doch so viel! Lesebrillenetuiaufbewahrungskörbchen, Stützstrumpfsortiersysteme und Rucksäcke, aus denen wir je-

1 https://www.wiwo.de/unternehmen/dienstleister/markenansprache-warum-werbung-fuer-50-plus-meist-total-floppt-/9353322.html

derzeit bei Wanderungen wie von Zauberhand Gelenksalben von günstigen Pharmaherstellern hervorholen können. Beworben wird aber weiterhin die Generation Praktikum, bei der man sich fragt: Von welchem Geld kaufen die sich eigentlich alle zwei Monate ein neues Smartphone, und das mit Verträgen, die ihnen immer gleich das neueste Gerät zusichern, sobald das aktuelle veraltet ist (also alle drei Tage)?

Immerhin ein kleiner Trost: Die Jüngeren werden genauso verarscht. Nehmen wir nur diese verzweifelte Frau, die unbedingt »Zähne putzen will wie ein Zahnarzt!« – *warum?* Der putzt doch auch nur mit Wasser! Ich möchte mir nicht die Zähne putzen wie ein Zahnarzt, ich möchte *verdienen* wie ein Zahnarzt. Warum sollen Zahnärzte sich besser die Zähne putzen als Fliesenleger? Ich meine, Frisörinnen schneiden sich ja auch selbst nicht gut die Haare, was jeder Besuch in jungen, hippen Salons beweist (»Einmal waschen und föhnen, bitte« – »Entschuldigung, Sie sprechen gerade mit unserem Frisierkopf!«).

Ich backe übrigens mein Brot selbst, aber nicht, weil ich backen will wie ein Bäcker (»Yay! Endlich auch mal Mehl nehmen, das mit Hunderten nicht deklarierpflichtigen Inhaltsstoffen versehen ist und den Hefeteig nur 30 Minuten statt sechs Stunden gehen lassen, damit das Gluten in meinem Darm so richtig Samba tanzen kann!) ... sondern, weil ich gutes Brot will.

Bedenklich auch das Frauenbild, das ebenfalls wieder auf die Jüngeren ausgekippt wird, die sich stets gut gelaunt durch die Bäder cremen und durch die Küchen putzen. Wie diese junge lächelnde Mutti am Rande des Nervenzusammenbruchs im aktuellen Kinder-Pingui-TV-Werbespot. Zur Melodie von »Walk Like An Egyptian« hat hier ein Werbetexter wahre Pop-Poesie geschaffen: »Jeden Tag im Job/dann nach Haus/der

Trockner lief von unten raus/Lass mir nicht meine gute Laune nehmen/Gehen wie ein Pinguin.«

Genau. So hätte uns die Gesellschaft gern. Berufstätige Muttis, die sich von auslaufenden Trocknern nicht die Supi-Laune nehmen lassen und nicht zu diesen hysterischen »Ich hätte so gern ein Burnout, aber da habe ich keine Zeit für!«-Schnepfen mutieren, sondern sich erst mal unter den Blicken der noch spießigeren Nachbarn einen überzuckerten Snack reinpfeifen, und das zu Gaga-Lyrics, bei denen man sich fragt: Seit wann textet Philipp Amthor eigentlich Werbesongs? Und wann springt Oliver Kalkofe als Klementine im Pinguinkostüm ins Bild? Dieses Leben ist doch auch nicht viel erstrebenswerter als das, was in den 50er-Jahre-Werbefilmchen propagiert wurde. Der heute unfassbar erscheinende Spot für *Frauengold* etwa: Darin will eine übelst prämenstruierende Sekretärin erst erbost kündigen, säuselt aber nach einem Gläschen 16-prozentigem Tippsen-Likör versöhnlich: »Es war mein Fehler, Herr Direktor! Ich hatte nicht aufgepasst und möchte mich dafür entschuldigen!«[2] Oder die *Dr.-Oetker*-Werbung mit Frau Renate: »Eine Frau hat zwei Lebensfragen: Was soll ich anziehen, und was soll ich kochen?«[3] Scheint überholt?

Klar. Heute hat eine Frau natürlich nur eine Lebensfrage: Was soll der Scheiß? Nur hat die Werbung das noch nicht begriffen.

Deshalb, merkt euch, liebe Werbefuzzis: Junge Muttis haben keinen Spaß, wenn der Trockner ausläuft. Sie sind zu Recht genervt, und das kann auch kein pseudogesunder Schokoriegel vermeiden. Und ältere Frauen wollen nicht nur von einer Frau

2 *https://www.youtube.com/watch?v=rgYMu6MyF6s*
3 *https://www.youtube.com/watch?v=072LrlGvSq8*

mit lilaersatzflüssigkeitsfarbener Bluse angesprochen werden, die fröhlich faselt: »Ich weiß, dass ich eine Einlage trage, aber niemand merkt es«, und dabei eine drei Meter lange Federkernmatratze vorführt, die bei der Radtour um den See überhaupt nicht zu spüren ist.

Wenn ihr Produkte entwickeln wollt, die unsere Lebenswirklichkeit spiegeln, dann bringt doch mal sinnvolle Dinge auf den Markt. Zum Beispiel die »Working Mum Barbie«. Die hätte im Gegensatz zur normalen Barbie nur ein Bein. Das andere hat sie sich schon ausgerissen. Und sie würde mit einem dicken schwarzen Permanentmarker geliefert, mit dem man ihr fette Ringe unter die Augen malen kann. Also, ich würd sie kaufen.

Oder lasst einfach im nächsten TV-Spot von *L'Oréal* nicht schon wieder Heike Makatsch flüstern: »Graue Haare? Welche grauen Haare?« Ich jedenfalls würde mich viel eher angesprochen fühlen, wenn hier eine Frau um die 50, die nicht aussieht wie 30, fragt: »Haare? Welche Haare?«

Is was, Doc? My Home Is My Wartezimmer

Du weißt, dass du älter wirst, wenn *Die Ärzte* für dich keine Band mehr sind, sondern gute Bekannte, die man regelmäßig besucht.

Früher bin ich alle Jubeljahre mal zum Weißkittel gegangen, weil ich ein Attest für den Job brauchte oder einfach nur, um nach dem Satz »Machensesichmalfreiderarztkommtgleich« mal zwei Stunden im Durchzug auf einer Kunstlederliege zu relaxen und interessante Hinweistafeln über das Vorkommen von Zecken im südlichen Tschechien zu studieren. Immer, immer kam dann der Arzt genau dann rein, wenn man schon vor lauter Langeweile sämtliche herumliegende Post-its zu Origami-Giraffen gefaltet hatte und den Gedanken »Dauert eh noch 'ne Stunde, ich beiß schon mal von meinem Tomaten-Mozzarella-Ciabattasandwich ab« rigoros krümelnd in die Tat umgesetzt hat.

Danach hat man sich dann bei jedem auftretenden Wehwehchen gedacht: »Was einen nicht umbringt, macht einen nur stark« oder »Och komm, die klaffende Wunde ist jetzt nicht so schlimm, die knips ich mir mit 'ner Dekowäscheklammer zusammen und kleb ein bisschen Filz drüber«.

Dann kam die Epoche »Kinderarzt«, bei der man bei einem einzigen Besuch unfreiwillig mit sämtlichen gerade aktuellen Krankheitserregern infiziert wurde, die einen so umgeboxt haben, dass man sich selbst gar nicht mehr zum Arzt schleppen konnte. Und wenn man 15 Jahre gefühlt zwei Vormittage pro Woche bei Kinder- und Jugendärzten gehockt ist, ist man bedient. Denn hier fallen Sätze, die möchte man sein Lebtag nicht noch mal hören, etwa wenn Hutzel-Helga ihre Indio-Poncho-umhüllte Zauseltochter fragt: »Na, Walburga, Wollen wir die Nissen auskämmen und ins Freiland aussetzen?« oder genervte Grundschullehrerinnen ihrer Brut lautstark ins Ohr flüstern: »Jasper, du machst es mir gerade sehr schwer, die Mutter zu sein, die ich immer sein wollte.« Am allerschlimmsten aber waren immer die Über-Eltern, die alle Erziehungsratgeber der Welt gelesen haben und wissen, dass man Ich-Botschaften senden muss, damit das Kind eine von Vertrauen und Verständnis geprägte Kommunikationsbasis aufbauen kann. Da hörte man so Sätze wie: »Niklas, ich möchte, dass du herkommst, Niklas, ich möchte, dass wir beide jetzt ein Buch lesen, Niklas, ich möchte, dass du jetzt die Bauklötze wegräumst.« Ich habe es in solchen Situationen immer sehr genossen, mich ungefragt einzumischen und hemmungslos die Imperativ-Schlampe raushängen zu lassen: »So, Chiara-Shanowa«, brüllte ich dann etwa einem meiner Mädels zu, »jezz gibt den Niklas ma seinen angebissenen Keks wieder. Dat is dem seiner!«

Oder diese bilingualen »Ich möchte kein Zeitfenster für Fremdsprachen verstreichen lassen!«-Nerveltern: »Tyler, if you want to go on the slide, you must take your shoes off! Look, Tyler, all the other boys are just wearing socks!« Worauf Klein-Tyler meist nur antwortete: »Hoh, you motherfuckin' bitch ain't tellin' me what to do!«

Der allerallerübelste Satz, den ich jemals in dieser fenchel-teeverklebten Rutschsockenhölle vernommen habe, lautet jedoch: »Wie dringend musst du denn aufs Klo, Stanley? Hupt das braune Auto schon?« Wer diesen Satz einmal live miterlebt hat, hat sein Leben lang eine Wartebereichparanoia, dank der man von der Schaukel gefallene Kinder mit doppelt gebrochenem Arm gern mal auf dem Rasen liegen lässt (»Wächst irgendwic schon wieder zusammen!«).

Das Perfide: Da hat man die Brut gerade so weit, dass sie sich selbstständig ankleidet, Krankheiten selbst googelt und bei emotionalen Problemen nach 19 Uhr einfach die Telefonseelsorge anruft, da fängt es bei einem selbst ständig an Körperstellen an zu knirschen und zu knacken, von denen man bislang gar nicht wusste, dass man sie hatte. Kurz, man ist selber fällig: Der Lack is ab, der Drops gelutscht, und man wartet eigentlich nur noch darauf, dass man irgendwann mal eine grässlich gelayoutete Visitenkarte an der Weste klemmen hat, wo draufsteht: »Wir kaufen Ihren Körper – Albert Güldrützolocky, Tel. 8143-489482498 (24 Stunden erreichbar)«.

Inzwischen bin ich also öfter beim Arzt, als mir lieb ist, und nicht mehr nur, um mal wieder eine *Frau im Spiegel* von 1978 in den Händen zu halten. Kurz, ich fülle so oft Fragebögen aus, dass ich manchmal glaube, Ana Mnese ist meine beste Freundin. Und das ohne jeden Sinn und Zweck. Da kannst du reinschreiben, was du willst, es interessiert eh keinen. Letztes Mal habe ich unter »Körperliche Abnormalitäten« geschrieben: »Zwei Töchter im Teenie-Alter«. Und zur Frage »Haben Sie manchmal Schmerzen in der linken Brust?« ehrlich geantwortet: »Ja, wenn ich mehr als vier Monate darauf liege.«

Gelesen oder auch nur ansatzweise wahrgenommen werden diese Angaben offenbar nie. Man kann bei »akute Beschwerden« hinschreiben: »Beim Autofahren wird mir ab 180 km/h schwarz vor Augen« oder »Ich bin in der 56. SSW, ist das noch normal?«, es wird blind abgeheftet. Stattdessen wird man dann kurz vor der Vollnarkose gefragt: »Unverträglichkeiten hatten Sie ja nicht, oder?« – »Doooch, stand doch auf dem Anamnesebogen, gegen Chl… Chhhrrr-püüüh!«.

Inzwischen schreibe ich auf die Frage: »Was führt Sie zu uns?« immer nur »Ein Krankenwagen«. Das heißt, wenn ich es überhaupt schaffe, einen Termin zu bekommen. Denn das ist mittlerweile so schwierig wie Theresa May rhythmische Sportgymnastik beizubringen.

Früher konnte ich einfach anrufen: »Bode, schönengutentach, ich brauche heute Nachmittag noch einen Termin« – »Geht nicht, heute ist zu voll« – »Macht nix, komme trotzdem« – und war nach 10 Minuten dran, während sich die Sprechstunden-Sisters direkt auf die *Helle Vielfalt* von *Merci* stürzten. Heute hast du nach drei vergeblichen »Wir verbinden Sie gleich weiter«-Kontakten mit Warteschleifengebrabbel nicht nur ein Leiden, das sich in der Zwischenzeit selbst geheilt hat, sondern auch gleich eine amtliche No-Go-Liste mit den fünf deplatziertesten Arzt-Warteschleifen-Songs aller Zeiten. In den meisten Praxen werden telefonisch schon gar keine Termine mehr vergeben, sondern es wird einem als Krönung der Modernität verkauft, sich online einen auswählen zu können. Nachdem man dann also seine gesamten Daten einschließlich PIN und PUK und Notfallfrage bei vergessener PIN (»Wann hatten Sie Ihre letzte gelungene Darmspiegelung?«) eingegeben hat, erscheint ein Terminkalender, der nur noch in acht Wochen ein Zeitfenster um 6.50 Uhr anbietet. Und wenn man diesen Termin notgedrungen eintragen will, heißt es entweder »Sorry, der Termin ist schon vergeben« oder »Passwort ungültig« – der Begriff »praktischer Arzt« hat sich damit ad absurdum geführt.

Immerhin, ich habe jetzt einen Weg gefunden, wie ich

immer sofort zurückgerufen werde. Ich schreibe nämlich einfach in das Kommentarfeld: »Liebes Praxisteam, gern nehme ich den Termin am 25. März um 16.10 Uhr wahr. Können Sie mir vorher noch kurz sagen, ob ich die Herzdruckmassage zu den Klängen von *Stayin' Alive* oder besser zu *Jungle Drum* machen muss? Und wie oft muss ich die wiederh…« Meistens landet dann sofort ein Heli in unserem Vorgarten.

Ich weiß nicht, ob's eine humortechnische Retourkutsche war, aber das letzte Mal, als ich bei meinem Hausarzt erschien, reichte mir die Sprechstundenhilfe grußlos einen weißen Plastikbecher über die Theke und schrieb mit schwarzem Edding nur »MSU« drauf. Als ich fragte: »Bitte was? Was hat denn die Zwickauer Terrorzelle mit meiner Pipi-Probe zu tun?«, antwortete sie nur kühl: »Mittelstrahlurin.« Aha. Ich überlegte. Laut. »Ganz schön komisches Wort.« Hatte ich bis dahin noch nie gehört. So wie »Vollzeitkasper«, »Straßenbegleitgrün« oder »Flüsterasphalt«.

»Na, der Urin, der nicht am Anfang und nicht am Ende rauskommt« – Anfang, Ende? Bei mir kommt der Urin sozusagen aus der Körpermitte. Da, wo es immer so kalt ist, weswegen ich auch immer ein kleines Klappkissen mit dem Schriftzug »reserviert« in der Tasche habe, wenn ich mich mal irgendwo hinsetzen muss, wenn ich vorm Baumarkt auf meinen Mann warte.

Spontan mischte sich eine osteuropäische Rezeptschreibse hilfsbereit ein: »Kommen lassen, Bescha drunter unt dann noch bisschän kommen lassen!«

Mit dem Erfolg, dass jetzt alle, die in dieser indiskret hippen offenen Rezeptions-Wartebereich-Kombi-Hölle saßen, jener Schnapsidee, die sämtliche DSGVO-Verordnungen mit dicken

Gesundheitsschuhen mitten in die Weichteile tritt, interessiert aufhorchten.

»Mittelstrahlurin«, fragte ein mittelalter Sozialarbeitertyp mit Chucks und schütterem Campino-Haarschnitt, »war das nicht diese Punkband, die gesungen hat, ›Wir trinken das schäumende Bier und scheißen dem Wirt auf die Theke?‹« – »Nein«, erwiderte ich kühl, »das war DTJ, die Deutsche Trinkerjugend.« Eine Dame holte eine Thermoskanne aus der Rollatortasche und offerierte mir beherzt: »Wollense 'n Schluck trinken, dann könnense besser strullern!« »Danke«, lehnte ich freundlich, aber bestimmt ab, »ich kann immer, auch ohne was zu trinken.« Komisch, wie sich der begriffliche Inhalt mancher Sätze über die Jahrzehnte ändert. Ich schnappte mir den Becher und ging in den Raum, den ein Schild mit »Lichtschalter ausmachen!« eindeutig als WC auswies. Und merkte bald, ich hatte zu große Töne gespuckt. Auf einen Schuss feinstes MSU zu warten, während vor einem in der Durchreiche des lauwarm beheizten Aborts vor sich hin wellende Pappbecher mit der Aufschrift »Kuhlmann«, »Nieswandt« und »Drömmelkamp« stehen, ist wohl wie beim Termin in der Samenbank ein paar Animierhefte mit Brigitte Nielsen auf dem Cover zu finden, der noch ein paar australische Insekten auf dem Schlüppi kleben. Aber wofür hat man denn eine Flasche *Capri-Sonne* in der Tasche? Na also, rein damit, merkt kein Mensch.

Die zweite Hürde, die man zu bewältigen hat, bevor man in das Reich des heiligen Medicus gelassen wird, hat auch mit Ekelflüssigkeit zu tun. Sätze, die das unsensibel gehandhabte Melken der Armbeuge begleiten und nicht gerade zu einem entspannten Allgemeingefühl beitragen, lauten: »Shanita-Savannah, willst du das mal machen, irgendwann musst du es doch mal lernen!« oder: »Mist, mir ist die Nadel abgebrochen, ich steche jetzt noch mal, aber diesmal ein bisschen tiefer, sodass wir auch sicher eine Vene erwischen!«

Informationen, die man hier dringend bräuchte, werden dagegen nicht kommuniziert. Etwa, dass man die Faust nach 30 Minuten wieder öffnen kann, dass man vor der Ohnmacht vielleicht schon mal einen günstigen Fallwinkel anpeilen sollte, der nicht in Richtung des halb gegessenen Caesar's Salad von Labor-Savannah ausgerichtet ist, oder unter welcher Adresse man sich jetzt als Statist für »Das deutsche Kettensägenmassaker Teil 37« bewerben könnte.

Und die Tortur ging direkt nahtlos weiter: Nach dem Blutzapfen ist man ja eh nur noch ein Häufchen Elend, da kann man auch eben noch halb nackt und mit zwei Dutzend Prilblumen verkabelt aufs Trimmrad steigen, um die junge, sonnengebräunte, athletische Sprechstundenhilfsassistentin-Anwärterin sagen zu hören: »Was, Sie können JETZT schon nicht mehr? Das Gerät misst doch noch gar nicht!«

Abgestrahlt, abgezapft, mit roten Noppen auf der Haut und verschwitztem Haupt war ich jetzt im idealen Zustand, um dem Weißkittel klarzumachen, wie es mir jeden Tag nach dem Aufstehen geht. Für alle Fälle hatte ich die aktuelle Übersicht »Was ein Arzt meint, wenn er sagt …« von der Weltgesundheitsorganisation dabei, die einen immer bestens auf sämtliches Drumherumgeschwaller und Schönredereiversuche vorbereitet:

Ärzte sagen	Ärzte meinen
Machen Sie sich mal frei	O.k., O.k., REICHT!!!
Sie sind ja fit wie ein Turnschuh.	Einer von *Romika*. Mit Senkfußeinlage und Wendefußbett.
Sie müssen jetzt ganz tapfer sein.	Oder ich schicke Ihnen die Rechnung einfach per Post.
Vorsicht, es wird jetzt ein bisschen kalt.	Bei Ihren Hitzewallungen doch sicher toll.
Wir haben da ganz neue Methoden.	Das Präparat ist zwar noch nicht zugelassen, aber in der chinesischen Provinz Kuangtung gibt es schon erste Erfolgsgeschichten.
Sie müssen abnehmen, mehr Sport machen und weniger rauchen.	So, der Lastenkranführer kann dann jetzt bitte auf »Release« drücken.
Hm, das sieht übel aus.	Es gibt eine 0,5-prozentige Chance, dass wir es wieder annähen können.
Das ist reine Routine.	Sterben tun hier jeden Tag welche.
Das könnte jetzt ein bisschen wehtun.	Hier, beißen Sie mal so lange auf diesen Stein.
Die Krankenkasse übernimmt das leider nicht.	Verkaufen Sie halt Ihr Haus, Sie werden sehen, hamse auch nicht mehr so viel Arbeit.

Ärzte sagen	Ärzte meinen
Das Blutbild gibt keine konkreten Hinweise.	Es könnten eigentlich nur zwei Dinge sein, und ich hoffe, es ist nicht das erste.
Ich überweise Sie am besten an einen Kollegen vom Fach.	Es ist was Schlimmes, aber das soll Ihnen der Lungenarzt lieber selbst sagen.
Sie schlafen nicht, haben Haarausfall, Herzrasen und immer so ein Stechen im linken Mittelohr?	Das ist normal in den Wechseljahren.
Sie haben in zwei Monaten 30 Kilo zugenommen?	Das ist normal in den Wechseljahren.
Sie leiden an Appetitlosigkeit?	Das ist normal in den Wechseljahren.
Hier ist Ihr Rezept.	Genauso gut können Sie aber auch zwei Tüten Gummibärchen in einem Sangria-Eimer auflösen.
Kommen Sie einfach nächste Woche wieder.	Da bin ich im Urlaub.

Als ich jedoch gerade vorsorglich den Zettel ausrollte, wäre mir fast die Gleitsichtbrille auf die über den Gürtel quellende Pulli-wurst gerutscht. Früher waren Ärzte immer grauhaarige, erfahrene Bären mit sonorer Stimme und deutlichen Referenzen an Professor Brinkmann oder den Melitta-Mann. Der hier dagegen sah so aus, als sei er eben noch Detlev-Jöcker-Lieder schmetternd mit der Blechtrommel um den Weihnachtsbaum gerannt. Sein Schildchen mit der Aufschrift »Dr. Linus Lindemann« bestätigte diesen Eindruck. Ich meine, »Linus«, das war doch eben noch ein Name auf dem Spucklätzchen und jetzt schon ein richtiger Arzt? Der schon mehr als Zweiwortsätze konnte?

Nicht ganz: »Wo brennts«, fragte er, weil ich anscheinend so langsam in die Patientengruppe falle, der man mit Kleinkindsprache kommen muss.

Ich versuchte, ebenso kurz und knackig zu antworten: »Ich habe Migräne, immer von montags bis donnerstags; kreisrunde Hautstellen am Kopf, wo bis vor Kurzem noch dichtes Haupthaar war; meine Finger sind morgens so steif, dass ich damit unser Kiesbeet harken kann; wenn ich eine Doku über David Bowie sehe, muss ich weinen, meine Krampfadern haben inzwischen das gleiche Muster wie die Sitzbezüge im Kaffeefahrtbus nach Venlo, und immer wenn auf Partys das Lied ›Die immer lacht‹ kommt, muss ich mich spontan übergeben. Und bevor Sie fragen: Ja, ich TRINKE genug! 4 Liter am Tag, und zwar STILLES Wasser!«

Aber Klein-Lini ließ sich nicht aus der Ruhe bringen. Gut, nach zwei Wochen im Beruf hat man ja auch noch Kraftreserven. »Na, dann machen Sie sich mal frei«, grinste er mich gütig an.

Na super! Warum muss man sich immer ausziehen, wenn man gerade eine Schichttorte an Unterziehwämschen anhat, die man morgens nur mit Mühe und Not über die (natürlich vorher erstellte) Frisur gezogen bekommen hat? Nach einer halben Stunde hatte ich Sweatjacke, Langarmshirt, Unterhemd, Nierenwärmer und Bustier endlich aus, als Doc-Snyder-Junior beschämt vom Bildschirm, an dem er anscheinend in der Zwischenzeit sein Arztsohn-Profil bei Tinder updatete, aufblickte und meinte: »Nee, nur die Jacke aus!«

Ja, das hätte er doch auch sagen können! Frei machen heißt für mich frei! Nackig, nada, niente! »Sagen Sie doch, was Sie meinen!«, raunte ich mürrisch zurück. Was sollte man machen, er war eindeutig ein Kind der »Hupt das braune Auto schon?«-Beschönigungsgeneration.

»Haben Sie Stress?«, fragte der Doc, ohne von seinem Bildschirm aufzusehen und dabei wild mit dem Zeigefinger auf die Maus zu klicken. Und legte, ohne meine Antwort abzuwarten, nach: »Dann nehmen Sie mal den Stress raus«.

Ich entgegnete mit deutlich hervorgetretener Halsschlagader: »Wie denn, verdammt? Beim Bäcker kriegen Sie nicht mal ein normales Brötchen! Ich stehe schon seit fünf Jahren beim VHS-Kreativkurs ›Haarspangen aus Fleischersatz‹ auf der Warteliste, ein Buch für die Frau ab 40, das ich jetzt seit acht Jahren schreibe, wird mittlerweile schon als ›ab 50‹ beworben, und je älter ich werde, desto früher wird's spät! Mein Mann hat sich zum Geburtstag einen Gutschein für zwei Stunden Baggerfahren gewünscht, unser Schlafzimmer hat nach einem Erdrutsch jetzt auf einmal Südlage, Kind 1 will eine Lama-Reitbeteiligung, und Kind 2 will sich zu einem Baum umoperieren lassen! Also, ich weiß nicht, in welchem verkackten Zeitfenster ich endlich mal in Ruhe einen schönen Nervenzusammenbruch haben könnte, aber so 'n richtig gepflegten, mit Bommeln dran! Und Sie sagen mir, ich soll den Stress rausnehmen! Ich weiß gar nicht, wo der Stress drin ist, unter dem Bett, in meiner Kommodenschublade, in einer Kiste auf dem

Speicher, im Kühlschrank neben der Butter, in der Innentasche meiner XXL-Einkaufstasche von *Rossmann* oder in der vierstöckigen Obstetagere?«

»Kleinen Moment«, erwidert Little Linus, dessen Gesichtsfarbe inzwischen dem kreisrunden Kinderkopp auf dem Saftflaschenaufkleber von *Rotbäckchen* gefährlich nahegekommen war, »ich bin gleich wieder da!«

Wenn man diesen Satz hört, weiß man, man hätte jetzt genug Zeit, um das Alte Testament auf Katalanisch zu übersetzen. Ich entschied mich für ein geringfügig kleineres Projekt und kritzelte auf die Zellstoff-Wegwerfauflage der Liege meine ultimative Top 5 der Arztpraxen-Warteschleifen-Megahits:

5. **Bonnie Tyler**: *It's a Heartache* oder Migräne ist, wenn man Kopfschmerzen hat, obwohl man gar keine hat

4. **Guns 'n' Roses**: *Knockin' on Heaven's Door* oder »Wir wollen Ihnen ja keine Angst machen, aber Ihr letztes Kurzstrecken-Viererticket sollten Sie demnächst aufbrauchen«

3. **Joris**: *Herz über Kopf* oder komplizierte Verwachsungen bei Dudelpopdödeln

2. **Herbert Grönemeyer**: *Flugzeuge im Bauch* oder »Jason, du sollst doch nicht immer am OP-Tisch dein Playmobil liegen lassen!«

1. **Die angefahrenen Schulkinder feat. Mittelstrahlurin**: *Tötet Onkel Dittmeyer* (Radio Edit)

Toller Zeitvertreib, merke ich mir, und schwups war der kleine Weißkittel auch schon wieder da und teilte mir aufmunternd mit: »Jetzt lehnen Sie sich mal gaaanz entspannt zurück. Ihre Blutwerte: tippitoppi. Das EKG: erste Sahne. Und auch der Urintest zeigt: »Alles in Ordnung, Frau Drömmelkamp!«

Darauf eine *Capri-Sonne.*

Not Crazy Like A Fool: Mama Cool war gestern

Du weißt, dass du älter wirst, wenn du gar nicht erst versuchst, cool zu sein.

Ich für meinen Teil weiß inzwischen aus Erfahrung: Der Wunsch, für alle erkennbar gut drauf sein zu wollen, kann nur nach hinten losgehen. Mein unter der Woche stets unfrisiertes Haupthaar ist kein messy Undone-Look, man sieht einfach so aus, wenn es vom Bett zum Arbeitsplatz nur drei Meter sind.

Wenn ich mal wieder einen »Hab den Bus verpasst, kannste mich abholen«-Anruf meiner Nachkommen kriege, dann sieht man mich manchmal mit nur einem geschminkten Auge, Schlafhose und in der Autotür eingeklemmter Sweatjacke durchs westliche Ruhrgebiet rasen, als sei ich auf dem Weg zu meiner Tauschfamilie.

Und wenn ich das Autoradio lauter mache und »I wish that I could be like the cool kids!« mitsinge, ducken sich meine Kinder auf der Rückbank. Und das völlig zu Recht, ich meine, was fällt der Band *Echosmith* ein, SO zu klingen! Das war doch UNSERE Zeit! Kein Wunder, dass ich da in Schimpftiraden verfalle wie Alice Weidel beim neuen Klimawandelreport.

Komisch, je älter ich werde, desto älter fühle ich mich auch. Das hat einem vorher keiner gesagt. Das Komische: Mein Verlangen, »für mein Alter aber noch echt gut drauf« sein zu müssen, endet spätestens bei der Frage: Wirklich fünf neue

Blusen in einer Umkleidekabine anprobieren, die kleiner ist als ein handelsüblicher Schirmständer, oder einfach das alles kaschierende Crinkle-Hemd anlassen und dafür einen Erdbeerbecher essen gehen?

Auch im Job werde ich so langsam deutlich in die Schranken gewiesen. Lange Zeit habe ich zum Beispiel alle Leute automatisch geduzt. War halt so, machen doch alle, genau wie Klopapier klauen. Ich dachte, das bleibt immer so. Neulich habe ich einer Redakteurin, mit der ich seit zehn Jahren zusammenarbeite, einfach mal das »Du« angeboten. Und wurde kommentarlos zurückgesiezt.

Eine Übersetzungsagentur, für die ich seit 20 Jahren arbeite, schrieb mir neulich: »Wir haben da so eine Anfrage von dieser unglaublich coolen Firma. Die wollen aber nur die besten der besten Copywriter und fragen deshalb, wer von euch einen kostenlosen Probetext anfertigen würde. Wäre cool, wenn du mithelfen würdest, diesen tollen Kunden ins Boot zu holen!« (Die duzen mich übrigens nur, weil es in ihrer Sprache keine Einteilung zwischen »you hip young thing« und »bloody old cow« gibt.)

Ich schrieb zurück: »Öhm. Nein. Ich vertrete die extrem altmodische Ansicht, dass Firmen mit 90 Milliarden US-Dollar Jahresumsatz es nicht nötig haben, bei Freiberuflern, die von der Hand in der Reste-Snackschublade in den Mund leben, um einen Teller kostenlose Buchstabensuppe zu bitten. Nur, weil sie's können. Sagen Sie mal einem Dachdecker: ›Hey, ich möchte wirklich nur die allerstylischsten Ziegel auf meiner Hütte. Legen Sie doch mal so zwei bis zwölf Reihen drauf. Wenn die mir gefallen, lasse ich vielleicht das ganze Dach machen. Aber für'n Appel und 'n Ei!‹«

Und auch die Bühnenwelt führt mir immer wieder vor

Augen, dass ich da so gar nicht hingehöre: Wenn ich im ICE sitze und unterwegs bin nach Hamburg oder Berlin zu einer Comedy-Show, dann möchte ich auch mal so coole Bilder machen wie meine Kollegen, die ständig Selfies von sich in der Bahn posten und sich über schreiende Kinder, verspätete Züge (Oder wie es im Volksmund heißt: Züge!) und eierlikörgurgelnde Kegelclubs aufregen. Nur komme ich gar nicht erst an mein Handy ran, weil dieses mitsamt der umgebenden Jackentasche im Sitzzwischenraum klemmt. Stattdessen warte ich dann darauf, dass mich ein eloquenter, gut riechender Stadtentwickler in einem *Burberry*-Mantel mit sonorer Phil-Oakey-Stimme auf meine hektisch in ein Filzeinbandnotizbuch geschmierten Einträge anspricht: »Darf ich Sie fragen, was Sie schreiben? Sie haben so eine schöne Handschrift!«

Und ich würde antworten: »Ach, wissen Sie, ich bin Schriftstellerin und Teilzeitkomikerin und gerade auf dem Weg zu einem Auftritt«, woraufhin sich ein geistreiches, angeregtes und von Lebensweisheiten gespicktes Gespräch ergeben würde, das zwar in Hannover jäh mit dem Satz »Ich muss aussteigen, aber Ihre Gegenwart hat mir diesen Tag auf das Angenehmste verschönt« beendet wird, jedoch den Grundstein legen würde für meinen gesellschaftsverändernden Frauenromanbestseller: »Jetzt ist die Liebe am Zug«.

Meistens beschränkt sich der Kontakt mit meinen Mitreisenden jedoch auf den Satz: »Müssen Sie SCHON WIEDER aufs Klo?«

Wenn ich nach achteinhalb Stunden dann endlich ohne *Google Maps* am Spielort ankomme, bin ich die Einzige, die nicht mit einem »Boah, auf der Costa Esmeralda gerade 5000 Leute gerockt, meeeega!« den Backstage-Bereich aufmischt, sondern höchstens nuschelt: »Ich war gestern in Brunsbüttel und hab 'ne Veranstaltung über Lernschwächen moderiert. Übrigens, hat jemand von euch einen Schuhlöffel dabei?«

Aber wenigstens sage ich nach meinem Set nicht den Satz »Das war's von mir« (Ja, von wem denn sonst?), der so sinnlos ist wie ein Kamikazepilot mit Helm.

Nein, ich will nicht den Kontakt verlieren zur modernen Welt. Aber ich bin auf dem besten Weg dorthin, wie irritierte Rückfragen von der Art »Hast du das ABSICHTLICH in deinen Status gepostet?« oder »Sorry, aber ohne Webcam ist unsere Videokonferenz jetzt nicht sooo sinnvoll« beweisen. Eine grobe Vorahnung, wie sich das anfühlen muss, wenn man so gar keine Checkung mehr hat, hat mir neulich ein Mitglied meiner badischen Verwandtschaft vorgemacht: »Horsch, warsch du scho mohl im Darknet?«, fragte mich der 78-jährige Jubilar, für den ich einer von »die junge Leit« bin (immerhin!). Klar, wer *Bild*-Zeitung liest, glaubt, das Darknet sei ein kleiner schäbiger Kiosk, an dem man aber nach 19 Uhr problemlos einkaufen könne, sobald alle rechtschaffenen Leute ins Bett gegangen seien. Ich wüsste nicht mal, wie ich ins Darknet käme. Ich meine, wie läuft das ab:

»Hallo, ich möchte gern zehn Kilo Kopierpapier günstig kaufen und bei gutem Preis-Leistungs-Verhältnis auch noch eine Pumpgun mit dabei, kann mir jemand eine gute Adresse nennen? Und gibt es irgendwo vielleicht gerade günstig ein paar DIY-Badebomben? Euch allen noch einen schönen Sonntag, LG, Hasimausi67«?

Ich sehe es schon kommen, es dauert nicht mehr lange und ich antworte auf Spam-Mails wie »Gute Tage Herr ode Frau, wir haben gemachte Video von Ihne bei erotische Handlungen, die wir mit 1 Klick an dein ganze Freunde und Kolleg schicken können. Bei Einreichung von Zahlung von 300 Slotti löschen wir Video« unverzüglich: »Halt! Alles ein Missverständnis! Das war nur eine Heißklebepistole, mit der ich lustige Stoffblumen auf mein Keilkissen gebeppt habe! Aber wenn Sie so dringend Geld brauchen, gucken Sie doch mal auf der Seite ›57 total eimfache Lösungen, wie du in Intanet voll laicht Gelt verdienst‹. Das soll ja wirklich seriös sein.«

Ich fürchte, in diesem Leben wird das nix mehr mit dem Coolsein. Ich bin so lit wie drei Meter Klicklaminat.

Ich möchte Bücher von Charles Bukowski in einen öffentlichen Bücherschrank im Szeneviertel stellen, in denen Muttis ihre sieben Kinder im Lastenfahrrad vorbeifahren und sich schnell noch Astrid Lindgrens *Madita* ausleihen, um es auf dem Heimweg noch beim Radeln vorzulesen, scheitere aber schon daran, mit meinen zwei *Aldi*-Tüten im Arm das Fach zu öffnen.

Ich möchte mich allein in ein Café setzen und an einem Bestseller schreiben, so wie J. K. Rowling, aber immer wenn ich allein in einem Café bin, habe ich das Gefühl, dass mich alle anstarren und denken »Na, die ist wohl versetzt worden!« oder »So schwer kann das doch nicht sein, einen Laptop aufzuklappen«. Davon abgesehen habe ich eine Aversion gegen Fabelwesen und habe auch noch nie eine Folge *Game Of Thrones* gesehen. Ich konnte noch nie was mit so hutzeligen Figuren anfangen, die sich gegenseitig an die Gurgel gehen, darum bin ich auch raus bei *Der Herr der Ringe*, *Harry Potter* oder *Das Literarische Quartett*.

Ich liebe die fleischlose Küche, und das schon seit 35 Jahren, aber wenn ich an einer Hamburger-Food-Theke mit dem zugegeben tollen Namen *Vincent Vegan* stehe, wo die Gerichte keine Nummern, sondern Tiernamen kriegen, dann finde ich es immer noch sehr befremdlich, wenn mich ein neuseeländischer Austauschstudent anguckt und sagt: »Entschuldergung, sin Sie der Zebra?«

Ich brauche mir keine How-to-Videos reinzuziehen, wie man Farbbeutel beim Holi-Festival richtig wirft. Wenn ich mich in einer Farbexplosion baden will, mache ich einfach mal wieder Tofu-Rührei mit Curry.

Nee, ich habe es noch nie geschafft, cool zu sein. Und langsam, aber sicher begreife ich: Ich will es auch nicht mehr. Was heißt »nicht mehr«, ich konnte es noch nie:

In der Schule trug der heißeste Liebesbrief, den ich jemals in den Händen hielt, die Aufschrift »Bitte an Tanja weitergeben«.

Als Teenie habe ich Stunden vor dem Spiegel verbracht, um mich dann im Flur als verruchte Grufti-Queen zu inszenieren. Vor einem Kupferstich des Recklinghäuser Rathauses. Ich wollte unnahbar wirken, kam aber einfach nur verhaltensgestört rüber.

Heute kann ich immer noch alle B-Seiten von *The Human League* mitsingen, weiß aber nicht mehr, was ich eigentlich im Esszimmer wollte. Und es ist okay, auch wenn das übelst nach Grönemeyer klingt. Gut, man könnte auch sagen, der Zug ist eh abgefahren, aber vielleicht sollte ich es sehen wie Jean-Jacques Rousseau, die alte Silberlocke: »Die Freiheit des Menschen liegt nicht darin, dass er tun kann, was er will, sondern dass er nicht tun muss, was er nicht will.«[4]

Ja, und wenn ich mich auf der Straße so umgucke, bin ich auch sehr froh, dass ich trendmäßig nicht mehr im Zugzwang bin. Bevor ich mir meine Ohren mit Riesenlöchern im Plastikrahmen verunstalte, hänge ich mir lieber ein »Vier gewinnt«-Spiel ans Ohr. Bevor ich zu einem Tätowierer gehe, der sich im

---

4 *http://www.zeit-und-wahrheit.de/rousseau-zitat-die-freiheit-des-menschen-13009/*

Vorlagenbuch verblättert, und ich plötzlich »Tits My Wife – Jon Bovi« im Nacken stehen habe, färbe ich mir lieber mit *Window Color* die Achselhaare grün. Und fürs Protokoll: Ich werde nie, nie, nie Zehenschuhe tragen.

Und wenn ich an meinen bevorstehenden Geburtstag denke, kann ich mir lebhaft vorstellen, wie ich zwischen Käseigel und der 15. »Best of New Wave«-CD an meinem Amaretto-Apfelsaft nippe und benommen feststellen werde: »WAS? Fünfzig Jahre? Das sind ja hundert Mark!«

»50 IST SUPER,
SO ALT WAR ICH
NOCH NIE!«

Paradiesgarten der Peinlichkeiten: Wellnesshölle

Du weißt, dass du älter wirst, wenn du einen Wellnessgutschein geschenkt bekommst.

Diese Gutscheine liegen ja meistens noch länger rum als die *Rocher*-Geschenkpackungen, meistens, weil sie von wohlmeinenden Ehemännern mit dem Satz verschenkt werden: »Schatz, tu dir doch mal was Gutes«, was manchmal auch heißen kann: »Nötig hast du's ja!«

So auch in meinem Fall. »Du siehst irgendwie müde aus!«, sagte mein Mann vor geraumer Zeit zu mir, als ich mit sieben Einkaufstüten nach Hause kam und noch mal zurück zum Supermarkt hechtete, weil ich den Brokkoli und das Kind vergessen hatte. »Willst du nicht mal den Wellnessgutschein einlösen, den ich dir damals zur Geburt geschenkt habe?«

»Äh, zu welcher Geburt war das noch mal?«, fragte ich müde zurück, »Zum ersten Kind, das schon studiert, oder zum zweiten, das gerade den schmerzhaften Ablöseprozess vom Elternhaus durch das Stechen von Ohrlöchern mit dem *Herlitz*-Locher symbolisch auslebt? Egal, gib her, löse ich ein! Freitag in drei Monaten habe ich noch ein kleines Zeitfenster zwischen Vorsorgevollmachtberatung und Cupcake-Decoration-Workshop nach Hildegard von Bingen.«

Und dann war es endlich so weit: *Paradise Garden*, ich

komme! Nach Bottrop! Um das nun folgende Ereignis, von dem ich ja nicht ahnen konnte, dass ich es drei Tage später einem Traumatherapeuten tränenreich schildern würde, in seiner ganzen Tragweite für meine Leserschaft zu erfassen, wechsle ich nun ins Präsenz. Ein billiges literarisches Stilmittel, ich weiß, aber ich muss auf die eklatanten Missstände in der Wohlfühlbranche jetzt einfach mal mit Schmackes aufmerksam machen:

Nachdem ich drei Stunden im Freitagnachmittags-Kriechverkehr in meinem stickigen Kleinwagen verbracht habe, manifestiert sich vor mir endlich eine Oase der Entspannung, eingerahmt von *Aldi* und *Fressnapf.* Am Eingang einer Wellblechhütte empfängt mich eine mickrige vertrocknete Yucca-Palme. Eine thailändische Mitarbeiterin begrüßt mich mit den Worten: »Hallo. I bin Mai-Ling. Heißte aufgehende Sonne.«

Ich antworte: »Hallo, ich bin Sabine-Stephanie, heißt ausgehende Konfektionsgröße 44.« Bodyshaming ist aber wohl kein Teil ihres Kulturkreises, denn sie legt mir sofort einen Blumenkranz um die zaghaft bebenden Körpermassen und bittet mich, alle Kleider und alle Alltagssorgen abzulegen. Ich schäle mich noch in der Umkleide aus meinem 80er-Jahre-Fruit-of-the-Loom-Unterziehwämschen, da wickelt sie mich schon ungefragt in einen kackbraunen Frotteemantel, in dem ich aussehe wie das Grüffelokind nach dem Vollwaschgang.

»Mu-ttu entspahne!«, säuselt sie mir zu. »Habe hier gan viel Zeit!«

»Okay«, sage ich, »entspannen ist super, habt ihr WLAN, ich müsste noch mal kurz meine Mails checken ...«

»Schhhhhhhhh – entspaaaane! Als Universum hatte gemachte Zeite, hatte gemacht gaaaanz viel davon!«

Ja gut, denke ich, dann lass mal hören: »Was habt ihr denn hier auf der Pfanne?«

»Ja, kannstu nehmen ›Relax‹-Angebot, ist mitte Birkenzweigmassage, Rosenblätter-Jacusi unde Rindenmulche-Peeling.«

»Hm«, signalisiere ich meine Unentschlossenheit, denn irgendwie klingt das nach einem Bastelworkshop in der *Landlust*-Redaktion.

»Oder kannst du nehmen ›Oriental Experience‹ mitte Selleriesaft-Flatrate, Spinataufguss und kostenlose Hanf-Schlappen«, grätscht sie gewieft dazwischen.

»Jau«, antworte ich, »klingt gut, nehme ich aber noch die Potato Wedges und 'ne Sprite dabei!«

… worauf Hawaii-Helga emotionslos aus dem Prospekt vorliest: »Oder aber nehme du Komplettangebot, kannstu für eine Aufslag von 19 Euro 90 Tepidarium, Caldarium und Delfinarium mitbenutze. Dazu gibte 10 Plozente auf alle Lomi-Lomi-Massagen, Agar-Agar-Gesichtspackungen und Lang-Lang-CDs – aber nur an gerade Tage und bei Vollmond. Gucki nache – ah, heute nix.«

»Äh, ich glaube, ich nehme für den Anfang erst mal so 'ne Gesichtsbehandlung«, stammle ich unbeholfen. Irgendwie habe ich Hemmungen, fremde Menschen an meinen sensiblen Körperstellen herumgrabbeln zu lassen. Ich meine, wir sind doch nicht beim Arzt oder in der S-Bahn. Was für Muddi May-Ling eine offene Einladung ist, mir eine Klopfmassage zu verpassen: ein Schwall von klatschenden Ohrfeigen auf beide Hängebacken, den ich sonst nur vom Klassenpflegschaftsabend kenne, wenn man versucht, mich dort mit den Worten »Hallo, Frau Bode, aufwachen, Sie sind *nicht* wiedergewählt worden!« wieder aus dem Koma zu wecken.

Etwas benommen höre ich kurz darauf, wie sie unbeirrt

die Konversation weiter vorantreibt: »Wa für eine Pflegeserie nehme du?«

»Pflegeserie ... Hm ... ja, *Nivea*. Manchmal auch *Balea* von *dm*, die ist auch günstig und gut für trockene Haut ...«

»Um GOT-TE willen«, fällt mir die Cremeschnitte aufgebracht ins Wort. »Habe keine trockene Haut, habe Misshaut!« Mischhaut? Also, meine Eltern kommen aus Wanne-Eickel und aus Castrop-Rauxel, wieso soll ich da Mischhaut haben?!

»Doche, brauche spezielle Pflegeprodukte«, referiert die Emulsions-Else tonlos. »Haben wir gerade in Angebot Wasabi-Mandel-Creme mit Borkenkäferextrakt. Hier, probiere du.«

»Borkenkäferextrakt? Ist ja widerlich!«, schreie ich entsetzt. »Ich bin Tierschützerin, Vegetarierin, ich schlafe noch nicht mal in Biberbettwäsche und ich bin bei *Peta*!«

»Nein, du sei nicht bei *Peta*, du sei bei Mai-Ling«, zeigt sie seelenruhig auf ihr Namensschildchen. »Peter isse nur montage und donnertage. Isse 400-Euro-Klaft«, säuselt sie tiefenentspannt, um direkt monoton den Entscheidungsterror fortzusetzen: »Willst du Partnermassage? Isse billiger!«

»Ja, gut, aber mein Partner ist zu Hause, einer muss ja die Familie am Kacken halten!«

»Machte nixe!«, winkt sie routiniert ab. »Kannsu nehme Hans-Günther! Hat noch eine Gutschein von 2007. Könnt ihr einlöse zusammen, spare füm Euro.«

Sie deutet auf ein Kabuff Marke »*Hornbach*-Mini-Sauna«. Hinter einem schweinchenrosa Vorhang aus klappernden Plastikschmetterlingen erkenne ich zwei beheizte frotteebezogene und lilienüberhäufte Gästeklappbetten. Auf dem einen liegt ein circa 130 Kilo schwerer und nur mit einem Gästehandtuch um die Lenden bekleideter Sumoringer auf dem Bauch und keucht mir wie Walter Freiwald nach der letzten Dschungelprüfung entgegen: »Ja leck mich am Arsch, hallo Morgenröte! Immer rein inne Knethütte! Kumma, die Mai-Ling massiert uns zwei Hübsche gezz in Stereo, dich mit Kokkosöl – und für mich – hömma, mach mir ma' 'n Pfund Mett, halb und halb! Aber nur wenn datt auch fuffzich Prozent billiger is!«

…

»Und was ist dann passiert?«, wollte der Psycho-Heini wissen.

»Na ja«, erklärte ich noch sichtlich fröstelnd, »an der Stelle war ich raus. Also, *richtig* raus. Ich weiß nicht, wie ich dorthin gekommen war, aber ich stand auf einmal in Frotteeschlappen und Bademantel an der *Aral*-Tankstelle gegenüber. Dort nahm ich mir erst mal ein Glas Erdnussbutter aus dem Regal und löffelte es mit einem XXL-Eiskratzer laaangsam aus. Und als der Heiopei vom Tresen auf mich zumarschierte und wissen wollte: ›Ei, watt wird datt denn hier, wenn ett fettich is?‹, antwortete ich so gelassen wie lange nicht mehr: ›Wellneff.‹«

Drei Probleme kaufen, zwei bezahlen: Warum die Defizitorientierung auf dem Buchmarkt nervt!

Du weißt, dass du älter wirst, wenn du dich in der Buchhandlung in der Ratgeberecke wiederfindest.

Dort stand ich neulich und stellte schnell fest: Mist, für mein Problem gibt es kein Buch. Mein Problem war: Ich habe kein Problem. Verwirrt ging ich zum Info-Terminal. »Da muss es doch was geben!«, beruhigte mich die Verkäuferin. Hier: »Simplify your Schreibtisch«, »Vitamin-B-Mangel als Chance« oder »Schlank im Schlaf für Linkshänder«.

Ich nahm mir mal so einen Stapel Sachbücher und fläzte mich damit in die Kunstleder-Lounge. »Das ultimativste Gesundheitsbuch«, offensichtlich eine Neuauflage von »Das optimalste Gesundheitsbuch« und »Das perfekteste Gesundheitsbuch« und anderen Werken von Billiglohnschreibern, deren Babbel-Deutschsprachkurs-Probemonat wohl ganz ohne Steigerung von Adjektiven auskam.

Oder »Das Beauty- und Schönheitsbuch«. Das dürfte eigentlich nur verkauft werden in Kombination mit dem Werk »Synonymvermeidungstipps für Pseudosachbuchautoren«. Ich begann zu blättern und stand alsbald unfreiwillig unter einer Informationsdusche, deren Nutzwert nur vom *real*-Einkaufsradio getoppt wird. Da stand so was wie:

✔ Drei kleine Mahlzeiten sind besser als 15 große!

✔ Essen Sie Nashi-Birnen nur in Verbindung mit pfannenge-
rührten Sojasprossen!

✔ Falten am Hals kaschieren Sie am besten mit einem Roll-
kragenpulli! (Falten im Gesicht am besten mit einem
Motorradhelm)

✔ Kürbis ist gut gegen Harndrang. Vorausgesetzt, Sie bleiben
die ganze Nacht auf dem Ding sitzen.

✔ Nehmen Sie die Treppe, nicht den Fahrstuhl – wenn gerade
keine Treppen zur Hand sind, einfach im Lift auf der Stelle
joggen!

Ich brachte den Stapel zurück zur Verkäuferin, die übrigens
dringend mal das Buch lesen sollte »Liebe dich selbst und es
ist egal, in welcher Buchhandlung du arbeitest«. Sorry, aber ich
will mein Leben nicht ändern. Weder in 30 Tagen noch in der
Mittagspause noch will ich mir beim Gehirnjoggen mit dem
Mond gelenkschonend einen Wirsing-Macchiato mixen.

Kurz, Frauen wie ich sind Gift für den Sachbuchmarkt. Dieser hat offenbar nur ein Motto: »Wer sich selbst mag, hat wohl
noch nicht richtig in den Spiegel geschaut.« Und auf jeder
Party wimmelt es von Lebensveränderungsjunkies. »Hey, ich
esse jetzt nur noch Lebensmittel, die mit ›M‹ anfangen!«, »Du,
ich lasse mir jetzt jeden Monat den Darm auf links ziehen,
du fühlst dich wie in einem neuen Körper!« Warum? Meiner
ist schon ziemlich gammelig, aber da weiß ich wenigstens, wo
alles ist.

Mark Twain hat übrigens im vorletzten Jahrhundert schon
gewusst: »Es ist keine gute Idee, Gesundheitsratgeber zu lesen.

Man könnte an einem Druckfehler sterben.« Aber wir Frauen lesen immer und immer wieder denselben linksdrehend cremig aufgeschlagenen Schwachsinn, der auf 287 Seiten paraphrasiert: »Wenn Sie zu dick sind, dann essen Sie weniger.« »Haben Sie eine Laktose-Unverträglichkeit? Dann trinken Sie besser keine Milch.« »Sie möchten inneren Frieden finden? Dann rollen Sie Ihre Socken auf, statt sie zu falten!« Und wir kaufen sie en masse, die Message: »So, wie du jetzt lebst, lebst du scheiße!«

Dabei sollte es sich doch inzwischen herumgesprochen haben: Wenn Else Kowalski die gleiche Schönheitscreme nimmt wie Veronica Ferres, sieht sie am nächsten Tag immer noch aus wie Else Kowalski. Und das ist meistens auch ihr Glück. Gut, sie hat vielleicht ein paar Knitterfältchen mehr um die Augen, wenn sie versucht, in dem Kleingedruckten zu lesen, welche Schlachtabfälle genau in der Furchenpaste drinstecken. Effektiver wäre es, in die Drogerie zu gehen, zu warten, bis einem die Fachverkäuferin beim Aussprechen der empfohlenen »Anti-Aging-Smoothing-Lotion with visible difference« einen halben Liter Feuchtigkeit ins Gesicht schleudert, und dann jubelnd mit einem »Face Refresher Tonic« (for free) wieder aus dem Laden zu stürmen, der die Haut für die nächsten vier Jahre sichtlich strafft.

Warum wir Frauen uns alle in unserem Selbstmitleid suhlen, ist wohl Teil eines gesamtgesellschaftlichen Problems: Menschliches Elend is the new Rock'n'Roll. Authentische körperliche und seelische Wracks bestimmen mittlerweile unsere Primetime-Fernsehgewohnheiten.

Vergesst den Landarzt und den Bergdoktor, die neuen Stars der 20-Uhr-15-Schiene sind die durchschnittsdeutschen querschnittsgelähmten geh- und sehunfähigen Hartz-IV-Empfänger-Darsteller, die ihr Elend routiniert in knackigen zwei Minuten und 30 Sekunden ins Mikro husten.

Sie haben finale Adipositas und Ihre Fernbedienung ist als eitriges Geschwür in Ihrer linken Hand festgewachsen?

Keine Sorge, ein Architekt mit Playmobilmännchen-Frisur und eine blonde Basteltrulla kommen und fräsen Sie mit 37 als Helfer getarnten 1-Euro-Jobbern aus dem Sofa und renovieren Ihnen für lau die ganze Hütte!

Wer dagegen seinen ehrlichen Imbiss ordentlich führt, aber trotzdem nicht die Miete zahlen kann, den rettet kein Christian Rach aus der Scheiße, wenn's mal nicht so gut läuft. Wenn aber eine arbeitssuchende Nagel-Stylistin eine Zwiebel nicht von einer Banane unterscheiden kann und einen Gourmettempel aufmacht, sich dann beim Zubereiten von Gemüsenuggets an Bärlauchpesto beide Daumen im *Krupps-3-Mix* versehentlich mit zerkleinert, dann kommt dieser Zahlen-auf-die-Tafel-schreib-Spießer im Anzug und ruft bei der Commerzbank an: »Können Sie der armem Frau nicht mal ihre Kredite erlassen, die kann nicht mal mehr ihre sieben Handyverträge zahlen!«

Und bei *Deutschland sucht den Superstar* heißt es im Anmeldebogen nicht: »Welchen Song möchtest du singen?«, sondern »Bist du in den letzten sechs Monaten aus einem brennenden Haus gerettet worden, hattest du einen tennisballgroßen Tumor hinterm linken Auge, warst du als Kind klebstoffsüchtig und SCHRÄGSTRICH oder hat dein Stiefonkel mütterlicherseits dich mindestens drei Monate in eine Abstellkammer gesperrt und dich mit *Tic Tac Toe* beschallt? Wer mindestens zwei Dinge ankreuzt, muss sofort mit Dieter Bohlen in die Südsee und ein Schwachmaten-Musikvideo mit im Wind flatternden Hawaiihemden von *KiK* drehen.

Probleme haben ist der Bentley unter den Lebensumständen. Jeder ernstzunehmende Rockmusiker hat gefälligst mal mit Drogen experimentiert zu haben. Natürlich nur, um Jahre später selbsterleuchtet in Interviews zu bekennen: »Ja, das waren meine wilden Zeiten, heute rette ich lieber den Regenwald oder trete wieder mit *Take That* auf.« »Boah, diese schonungslose Ehrlichkeit!«, heißt es dann. Wer dagegen vor Karriereantritt schon mal irgendwo gelesen hat, dass Heroin in den meisten Fällen dazu führt, dass man an seiner Kotze erstickt im Bahnhofsklo aufgefunden wird und deshalb gleich die Finger davonlässt, der hat so viel vermarktbare »Persööönlichkeit« wie 'ne Packung Wegwerfwaschlappen. Janis Joplin, Jimi Hendrix, Amy Winehouse – ob deren Visagen wohl immer noch in sämtlichen Poster-Shops erhältlich wären, wenn die damals auf dem Weg zum Altpapiercontainer einfach so vor den Bus gelaufen wären?

Es wird nicht lange dauern, da werden PR-Berater unpopulären Zeitgenossen ein maßgeschneidertes Problem vorlegen, das sie wieder in unsere Herzen spült.

Donald Trump könnte etwa verlauten lassen, dass sein eingeschränkter Wortschatz das Ergebnis einer Vokalintoleranz gepaart mit ausgeprägter Relativsatzunverträglichkeit ist. Kim Jong-un könnte behaupten, dass er an einer unkontrollierten Bewegungsstörung des Unterarms leidet und nur deshalb damals bei der Berufsberatung versehentlich »Diktator« angekreuzt hat.

Julia Klöckner könnte... ja gut, immer funktioniert das Konzept auch nicht.

Trotzdem, ich sage: Leute, wenn ihr Probleme habt, dann behaltet sie für euch. Kauft euch einen dieser sinnlosen Kaffeehumpen mit Feel-good-Sprüchen im Schreibanfängerdesign wie »Glück ist ein Himmelshauch, den ein unterbezahlter koreanischer Tassenbemaler hier draufgekrickelt hat«.

Geht zu *Goodbye Deutschland* und belustigt uns mit eurem »Ich will nach Bora Bora auswandern, dort nehmen alle das Leben so locker«-Gelaber, bis ihr nach drei Wochen wieder in Wipperfürth landet, weil ihr festgestellt habt, dass auch die Handwerker auf Bora Bora alles locker nehmen.

Oder geht einfach mal mitten am Tag grundlos spazieren. Ich jedenfalls verweigere mich diesem »Ab morgen wird alles anders!«-Zirkus. Wenn ich herumnölen will, gehe ich zum Elternabend in der Grundschule. Und wenn ich mal 'ne Selbsthilfegruppe gründe, dann die »Anonymen Lebensbefürworter«. Das läuft dann wohl so ab:

»Ja, hallo, ich bin die Mechthild …«

»Mechthild, wie lange hast du schon keine Probleme?«

»Ja, so seit zwei, drei Jahren.«

»Es ist okay, Mechthild. Wir haben da vollstes Verständnis für. Wir setzen uns jetzt hier schön in den Stuhlkreis und halten gemeinsam einfach mal die Schnauze.«

Lies weiter, du Lauch:
Vong Jugendsprache und anderer Verbal-Folter

Du weißt, dass du älter wirst, wenn deine Teenietochter dich anfleht: »Mama, schreib nix über Jugendsprache, das ist SOO peinlich!«, und du antwortest: »u serious?«

Jede Altersgruppe soll ihre eigene Kleidung, ihren eigenen Begrüßungs-Move und natürlich auch ihre eigene Sprache haben. Es gab ja damals nix Schlimmeres als Eltern, Lehrer und andere Spießer, die uns entweder »unsere« Sprache ausreden wollten oder, noch schlimmer, diese einfach benutzten, obwohl sie schon über 20 und damit uralt waren. Wie panne war das denn, wenn auf einmal ein Physiklehrer in Karopullunder (Oxymoron-Alert!) sagte: »Schaut mal her, das archimedische Prinzip, das schockt sich voll, echt Sahne!«

Von daher lasse ich der Jugend gern ihren klar abgesteckten verbalen Teilbereich. Und ich liebe diese vor Fabulierlust strotzenden Wortkreationen. Ehrlich. Zumindest das, was uns die Jugendsprachenlexika und die *Langenscheidt*-Listen zum Jugendwort des Jahres als solche verkauft haben. Ob es wirklich jemals irgendein Adoleszierender benutzt hat, ist fraglich, aber die Wortschöpfungen der letzten Jahre waren echt mega, angefangen von so fluffigen Verben wie *wulffen* (leihen), *lindern* (lieber gar nicht machen als schlecht) oder *zuckerbergen* (stalken). Auch die Substantivfront hatte viele neckische Kompo-

167

sita zu bieten: Vollpfostenantenne (Selfie-Stick), Assi-Stempel (Tattoo) oder Schottergott (Geldautomat). Hört man sich aber mal in der Zielgruppe um, von der ich täglich einen nicht zu verachtenden Prozentsatz auf der Rückbank sitzen habe, merkt man schnell: Das sagt keiner. Höchstens: »Glaubt nicht, dass ihr wisst, wie wir sprechen, das ist voll cringy!«

Okay, ich lasse mich an dieser Stelle nicht weiter über eure Wortschöpfungen aus, weil ich einiges eigentlich ganz neckisch finde (nein, NICHT nice! Das klingt mir viel zu sehr nach Namika, nach Glitzer-Einhorn-Schneekugeln und lauter so Zeugs aus EURER Welt!). Etwa, dass ihr eine Versagermentalität mit Vokabular aus dem Obst- und Gemüsebereich verbindet. Respekt! Aber dass eure Sprache derzeit aus den langweiligsten, überflüssigsten und ganz und gar unhippen Wörtern besteht … da fliegt einem wirklich das Blech weg!

Also, liebe Jugend. Jetzt lasst euch von Mutti mal was sagen: Das Wort »tatsächlich« kann man benutzen, um etwas zu belegen, was vorher noch nicht so ganz sicher war. Zum Beispiel (Kommissar am Tatort zur Spurensicherung): »Es ist tatsächlich Erika Moormann!« Geht aber bitte nicht zu *Wer wird Millionär*, setzt euch in den Kandidatensessel und sagt als allerersten Satz: »Ich bin tatsächlich Bloggerin.« Denn das hat tatsächlich niemand bezweifelt, wenn sich eine 21-Jährige mit zwanghaft auf »out of bed« getrimmtem Dutt und mit einer XXL-Pizza-großen Hornbrille nervös hin und her wippend auf den Kandidatenstuhl setzt und offenbar orientierungslos den Haltegriff für ihren Frappuccino Latte to go sucht. Ebenso inflationär und ständig unpassend gebraucht ihr das kleine Wörtchen »genau«. Was an diesem Wort so schlimm ist? Dass ihr es benutzt, ohne dass vorher eine Aussage gefallen ist, die es zu verifizieren gilt: »Hallo, ich bin die Josefine und ich mache jetzt ein Auslandsjahr in Papua-Neuguinea, genau.« Was habt ihr demnächst noch für aufsässige, umstürzlerische Wortschöpfungen auf Lager, um euch gegen die Erwachsenenwelt aufzulehnen? »Elefantastisch« oder gar »tomatenstark«? Aber hey, ich will mal nicht so sein. Sprecht, wie ihr wollt. Hauptsache, ihr tut es überhaupt. Nicht selten gehen Teenager ja mit 14 einfach in ihr Zimmer und kommen erst kurz vor der Führerscheinprüfung wieder heraus.

Ich wäre dafür, dass auch wir MMAs (Menschen mittleren Alters ... wahlweise auch menopausierende motzende Altweiber) eine eigene Sprache bekämen. Aber da wir ja nicht mehr viel Zeit haben, reicht es vielleicht auch, dass wir uns die Abkürzungen bei den Jungen klauen. Nur meinen wir halt was Anderes damit, wenn wir in unser Rentnerhandy tippen:

HDGDL	Halleluja, da gommt der Landarzt!
BFF	Bräsige Furchen-Fresse
LOL	Lache ohne Leiste
LMAO	Lernschwester Mechthild, anderes Oberbett!
WTF	Walter, Tee fertig?
BTW	Bitte Tena-Lady wechseln!
OMG	Ottilie, mach's gut!
VLL	Vliesunteralge langsam löchrig

Wenn das nicht der beste Beweis ist, dass die reiferen Semester für die schlimmsten Sünden unserer Muttersprache verantwortlich sind – dann muss ich eben noch mehr Beispiele bringen. Denn das, was wir Alten derzeit so von uns geben, ist einfach nur zum Fremdschämen. »Wird Deutsch sogar den Muttersprachlern zu schwer?«, fragte jüngst das Goethe-Institut Glasgow in einer Diskussionsrunde.[5] Ohne dabei gewesen zu sein, kann ich bestätigen: Ja. Neulich wollte ich beim Arzt ein Rezept unterschreiben lassen, da sagt die Sprechstundenhilfe zu mir: »Hier, legen Sie das den Doktor am Stehpult.« Fast hätte ich geantwortet: »Mache ich, da kann das Arzt ja dem Rezept unterschreiben.« Stattdessen reichten 10 Minuten Eintauchen ins Wartezimmergebrabbel vermischt mit dem auf voller Dröhnung *N24*-Businessquatsch ausspuckenden Fernseher, um meine Liste der Ekelwörter zu aktualisieren, die immer gleich neben meinem Einkaufszettel und der Payback-Karte griffbereit vor sich hin knittert und schon gute Dienste geleistet hat, wenn ich gerade mal keine Kotztüte dabeihabe:

schlussendlich

Ein kurzer Blick in den Duden verrät, dass dieses Wortungetüm »am Ende« oder, Trommelwirbel, »zum Schluss« bedeutet. »Schlussendlich« ist das Gratisgeschenk unter den Adverbien. Leute, die »schlussendlich« sagen, sitzen auch gern auf einer »Außenterrasse« und ersticken irgendwann mal an den Kernen einer Apfelsinenorange.

Schönen Tag für Sie!

Was IST das? *Happy Birthday to you* umgedichtet von einer Verkaufskraft in jenen Vorstadtboutiquen, die gern auf den Namen »La Donna« oder »Pretty Woman« hören, damit diese bei der schweren Aufgabe des Bongens, Kassierens und dem

---

5 *https://www.goethe.de/ins/gb/en/ver.cfm?fuseaction=events.detail&event_id=21480035*

Äußern des völlig sinnfreien Satzes »Den Bon stecke ich in die Tüte!« (Ja, wohin denn sonst? In die Hosentasche? Hinters linke Ohr? Unter die Schuhsohle? Natürlich in die TÜTE!) eben nicht drüber nachdenken wollen, ob es jetzt heißt »Ihnem«, »Ihr« oder »für Ihrem«? »Och danke«, sage ich dann immer, »tun Sie ihn doch mit inne Tüte, gleich neben den Bon!«

zeitnah

Für »zeitnah« gibt es immer was auf die Fresse! Nah an der Zeit, was soll das? An welcher Zeit? Irgendeine Zeit ist IMMER! Ist das so ein Verweigerungsreflex, weil man mit »Aber flott!« die Mitmenschen nicht unter Stress setzen will? Oder ist es die laktosefreie Alternative für Menschen, die immer dachten, ASAP heißt »Alter, Speed, aber plötzlich!«.

zumindestens

Ja, was denn jetzt? Zumindest oder mindestens? Das ist wie diese Leute, die sich gleichzeitig Tarnkleidung und Warnwesten anziehen. Da kann man sich nur fragen: Was denn jetzt?

Und überhaupt, bin ich die Einzigste (brrr), die sich darüber aufregt?

AGBs, KFZs, LKWs...

Doppelt gemoppelt vom Feinsten: Allgemeine Geschäftsbedingungens, Kraftfahrzeugs, Lastkraftwagens... Auch wenn der Duden das –s schon als Plural akzeptiert hat: Schön ist das nicht. So eine verbreitete Singular-Plural-Verwirrung gibt's sonst nur beim Eurovision Song Contest, wo man seit gefühlt 50 Jahren den Satz bringt »12 points goes to Denmark«.

Das hier soll aber kein Schulabbrecher-Bashing sein, im Gegenteil. Am schlimmsten sind ja die, die es eigentlich wissen müssten, die Gralshüter des guten Schreibens, die Hohepriester der Hyperkorrektheit: Journalisten.

Kein Boulevardbericht, in dem nicht die Kongruenz (»*das* Paar hat *ihren* Nachwuchs präsentiert«), die Superlativregeln (»der bestbezahlteste Schauspieler«) oder schlicht der Satzbau aufs Gemeinste malträtiert werden: »Wir schalten jetzt ins Studio, weil da geht es jetzt weiter!« Und mit der ständigen Anscheinend-scheinbar-Verwechslung ist schon so manche Massenpanik ausgelöst worden (»Die Polizei hat die Lage scheinbar unter Kontrolle«).

Und als Sahnehäubchen, oder sagen wir, on top, gibt's noch einen Abschluss-Rant über etwas, das mir schon seit Jahren sauer aufstößt, aber langsam oder sicher die kalte Kotze hochkommen lässt: der Assi-Anglizismus.

Eins vorweg: Ich bin kein Anglizismen-Hasser (auch wenn das jetzt ein bisschen nach Heinz Becker klingt, wenn er sagt: »Ich hann nix gegen Ausländer. Wenn se grüße!«). Ja, ich finde auch, dass Toast besser klingt als geröstete Weißbrotscheibe und Jeans irgendwie cremiger als gefärbter Baumwollstoff. Und Sprachwandel geht an sich voll klar. Aber was zurzeit dank billig synchronisierter Teenie-Soaps und fremdsyntaxabsorbierender Vollspackos an Redewendungen Einzug in unsere Sprache hält, ist unterm Strich, oder wie man ja jetzt sagt, »am Ende des Tages«, einfach too much.

Früher waren es einzelne Begriffe, die die Anti-Anglizismen-Aktivisten auf die Palme gebracht haben: *Handy*, *Body Bag* oder das gottverdammte »nicht wirklich« (was ja im unpassen-

172

den und inflationären Gebrauch inzwischen von »tatsächlich« abgelöst wurde). Hätte vor 15 Jahren eine Mutter zu ihrem Kind, das die Rutsche runterrutscht, gesagt: »Boah, du hast einen tollen Job gemacht« oder: »Das ist meine Idee von einem aufgeräumten Zimmer« (dass ihr hier nicht »Vorstellung« sagt, also, da bin ich echt nicht fein mit)?

Oder, noch schlimmer: »Finden Sie uns auf Facebook!« Was soll das heißen? Ätschi-Bätschi, wir haben uns verste-heckt! Wir sind nicht hinterm Sofa, nicht im Küchenschrank, nein, wir sind auf Facebook!

Auch unsere schönen Präpositionen werden offenbar nach dem Rateprinzip bzw. dem englischen Vorbild eingesetzt: Man streitet nicht mehr »um« etwas, sondern »über«, man erzählt nicht mehr »von« etwas, sondern »über« etwas, oder man benutzt einfach welche, wo früher gar keine waren (»Ich habe die Jeaden-Leadel in 2013 kennengelernt«).

Fast möchte man sagen: »Das ist nicht etwas, das ich möchte!«, wenn es nicht so scheiße klänge wie »Das ist, wie du lebst«.

Das Schlimmste ist aber ein Wort, das als Allzweckwaffe für alles eingesetzt wird. Das kleine Wörtchen »für«. Es ersetzt munter die hübschen Wörter »zu«, »über«, »wegen«, »auf«, »bei« und 158 000 andere Verhältniswörter, die eigentlich keinem was getan haben. Dieses kleine Wörtchen, es kann *alles*, es ist quasi der Chuck Norris unter den Präpositionen – leider auch genauso überschätzt. Wir benutzen es, wo wir jahrhundertelang ohne ausgekommen sind (bis in die 90er-Jahre hat man seinen Auflauf einfach 30 Minuten in den Ofen geschoben, ohne das Wort »für« voranzuschieben).

Das größte Übel ist sicherlich die einfach mal so aus dem Englischen rübergepastete Formulierung: Für Informationen hier klicken. Wie viele genauso kurze, aber dem deutschen Satzbau entsprechende Varianten gäbe es da: »Infos? Hier klicken!«, »Hier gibt's Infos«, »Alle Infos hier«, aber nein: Für Informationen hier klicken.« Mann, ich bin zu alt für so einen Scheiß und vor allem für so ein Deutsch! Eine Werbung für einen Treppenlift (warum auch immer ich diese angezeigt bekomme) treibt es auf die Spitze: »Für *Lifta* schicken wir Ihnen gern Informationen.« Scheiß auf die Superpräpos »zu« oder »über«. Ich frage mich bei so einem Satzbau: Sie schicken mir für *Lifta* Informationen? Ist *Lifta* krank, kann er das nicht selbst tun?

Früher hatte man Respekt »vor« etwas, jetzt nur noch »für« etwas (außer der Sprache natürlich). Früher verließ man einen Partner »wegen« eines anderen, heute für einen anderen. Wenn man, wie ich es vor Kurzem fatalerweise getan habe, bei *amazon* die Kundenbewertung für den Florentine-Kinderrucksack von *Sigikid* durchliest, dann wird man mit folgendem von einer Silke H. gesposteten Satz erschlagen: »Ich habe laaaange gesucht für einen vernünftigen Kindergartenrucksack!« Und ein Übersetzungsbüro, das sich mit seinem sprachlichen Feingefühl brüstet, schreibt in seinen Kontaktinformationen: »Für Fragen rufe Carol«. Möchte nicht wissen, wie viele da anrufen und »CAAAAROOOOLLL« in den Hörer schreien.

Je älter ich werde, desto intoleranter werde ich, was das Malträtieren meiner Muttersprache angeht. Wahrscheinlich auch so 'n Frauending, sonst hieße es ja »Vatersprache«. Schon als Teenie bekam ich immer Ohrenpest, wenn Peter Illmann bei *Formel 1* »Deiuied Bowie« oder »Uän Halen« ansagte (im zweiten Fall auch wegen der darauffolgenden Musik). Und heute noch bereitet es mir förmlich körperliche Schmerzen (als hätte ich die noch nicht genug), wenn die Bahndurchsage erklingt: »Willkommen zu Ihrer Deutschen Bahn. Die Anschlüsse an

unseren Unterwegsbahnhöfen gebe ich Ihnen später bekannt.«
Oder wenn ich an der Fensterscheibe eines Bäckers das (Un-)
Wort »Stéeh-Cafè« lese und mir dann denke: Wenn Buchstaben weinen könnten! Schlimmer noch: Wenn einer »Schia-
batta« sagt, da kriege ich Ausschlag im Gehörgang (man sagt ja
auch »Tschau« und nicht »Schiao«). Und bei »Gnotschi« kriege
ich noch Atemnot. Hat denn niemand mehr Martina Gedeck
vor sich, wie sie in *Rossini* mit nur einem Wort, einem hingehauchten »Njokki!« und einem dampfenden Teller derselben
Köstlichkeit einen ganzen Kinosaal (und Joachim Król) bezirzt
hat? Und ja, wenn mein Mann beim Italiener sagt »Einmal
Bruschetta«, dann spielen sich dabei schon mal menschenun-
würdige Szenen ab, wenn ich unter den Tisch rutsche, seinen
Unterschenkel umfasse und flehe: »BITTE! Es heißt Brus-ketta!
Mit K! Nicht Bruschetta!« Und er nur so: »Mir doch egal. Einmal Pizza Quattro Stazione« (zu Deutsch: vier Bahnhöfe).

Wäre ich Kriminalbeamtin und käme zum blutverschmier-
ten Schauplatz eines Verbrechens, an dem eine zitternde Ehe-
frau stammelt: »Er hat Prosätscho gesagt!« – ich würde der Frau
eine Decke um die Schultern legen und den Nachbarn festnehmen. Dass man im Alter gelassener wird, kann ich nicht
bestätigen. Allerdings will ich gern zugestehen, dass meine Pin-
geligkeit nur eine Kompensation für meine Matheschwäche ist.
Ich habe eine Dyskalkulie, oder sagen wir: Ich schreibe, weil
ich nicht rechnen kann. Das sehe ich aber voll ein und tue
Letzteres daher auch nicht, zumindest nicht ohne Hilfsmittel.
Ich würde aber auch keinen Job in einer Buchhaltung kriegen
(außer bei Stuttgart 21).

Wer jedoch nicht schreiben kann, lässt sich trotzdem nicht
davon abhalten, dies mit vollster Autorität zu tun – egal, ob
Arztbriefe, Schreiben von Ämtern, sogar notarielle Beglaubi-

gungen… Da werden Kommata in die Umwelt geworfen wie Samenbomben, Substantive und Adjektive brutal auseinandergerupft (»Teil Zeit Mitarbeiter gesucht«, »kinderfreundliches Restaurant«), da wuchern Deppenapostrophe wie Unkraut in den mit Binnenmajuskeln malträtierten City Shopping Malls (Nina's Dream Nail's, Sonntag's keine Pomme's). Werbeanzeigen, bei denen man denken würde, die sind vor der Freigabe mindestens über fünf Schreibtische gegangen, locken mit »Qualität hat seinen Preis!«, und das einzige Wort, das im Außenbereich der Elbphilharmonie in stylischen Lettern an der Wand prangt, heißt »Aussenplaza«. Man hätte ja mal jemanden fragen können, aber das hat man bei der Bauplanung ja auch nicht.

Wenn Sie sich mit zunehmendem Alter ebenfalls immer mehr darüber echauffieren, dass unsere Sprache zunehmend mit Füßen (und nicht selten mit Füssen) getreten wird, dann kann ich Ihnen nur mit einer ebenso fiesen Floskel beipflichten: Ich bin da ganz bei Ihnen.

Schlupflider und andere Protestsongs: Typberatung für Postjugendliche

Du merkst, dass du älter wirst, wenn du deinen Frisör töten willst.

Das hat mehrere Gründe: Zum einen dieser würdelose Gang vom Waschbecken zum Stuhl mit einem kackwurstartig aufdrapierten Handtuchturban, mit dem man aussieht wie der Aushilfsschlangenbeschwörer im *Phantasialand*. Zum anderen diese dämliche Frage: »Na, wollen wir's mal ein bisschen peppiger machen?«

Als mir diese das letzte Mal entgegengeschleudert wurde, antwortete ich nur trocken: »Vooorsicht, junge Frau! Mach mir bloß keine flippige Inka-Bause-Stachelfrisur!«

Also, im Geiste. Die verbalisierte Umsetzung dieses latent zornigen Gedankenguts hieß: »Ja, gern. Was Flottes. Was man halt so machen kann mit den paar Flusen da.« Und schwups bekam ich ohne weiteres Nachfragen koffeinfreien Kaffee und was zum Lesen – eine Styling-Fibel mit dem Titel »Typberatung, die anzieht«[6] – vorgesetzt. Wie viele Kannen Klosterfrau nehmen Schreiberlinge intravenös zu sich, die solche Buchtitel texten? Anscheinend müssen frauenaffine Titel immer so

---

6 *https://www.amazon.de/s?k=Typberatung%2C+die+anzieht&__mk_de_DE=%C 3%85M%C3%85%C5%BD%C3%95%C3%91&ref=nb_sb_noss*

keck doppeldeutig sein: »Radfahren – eine runde Sache«, »Mit diesen Schuhen bleiben Sie immer auf dem Laufenden!« oder »Applaus für Klatschmohn«. Ich warte schon auf Titel wie »Bulimie – echt zum Kotzen«, »Roter Teppich für den Grünen Star!« oder »Blasenschwäche – der neue In-Kontinent«. Und überhaupt, sollte das Buch vielleicht eine Anspielung auf meinen Casual Relaxed Look sein (Joggingbuxe, Chucks mit nicht aus modischen Gründen danebenhängenden Schnürsenkeln, *Depeche-Mode*-Tour-Shirt von 1983)?

Da jedoch meine dezente Haartönung »herbstbraun« noch 20 Minuten einziehen musste, blätterte ich ein bisschen in dieser Umlackierungsbibel, in der mich ein Inferno aus Mustermixen und Problemzonen-Verschleierungstaktiken erwartete. Alsbald wurde mir klar: Fashion Coaching sollte von der *UNO* zum Menschenrecht erklärt werden. Man muss sich das mal vorstellen, da sind Frauen jahrelang in Rosé- und Türkistönen rumgelaufen, weil ihnen einfach keiner gesagt hat, dass sie ein Herbsttyp sind und nur die Nussbaum-Ocker-Estrich-Palette tragen dürfen – tragisch! Ansonsten geht es im Wesentlichen um die Themen Kaschieren, Wegmogeln, Ablenken.

Gleich beim ersten Reinblättern ein dahingekackter Sinnspruch, der jede Apothekenkalenderweisheit mühelos in den Schatten stellt: »Jeder Mensch wirkt, die Frage ist nur: wie?«. Für viele Leser sicher die meistbeeindruckende Erkenntnis seit »Träume nicht dein Leben, sondern drucke lieber schleimige Sprüche auf Keilrahmen«.

Es folgen lieblos gelayoutete Tipps für Stilverweigerer wie »Ihre Taille soll optisch schmaler aussehen?«. Allein für die Formulierung »optisch aussehen« könnte ich schon in die Faltenrock-Fibel reihern. Hat das fröhlich-flotte Schreiberteam in der Themenkonferenz auch immer mit Sätzen um sich geschmissen wie »Anneliese, sprich doch mal akustisch lauter!«?

Weiter geht es mit hanebüchenen Beauty-Philosophien für VHS-Bildungsreisenorganisatorinnen: »Wenn Sie Ihre Haare mit einem Linksscheitel akzentuieren, dann betonen Sie vor allem Ihre Weiblichkeit und vermitteln auch Intuition, Spontaneität und Verbindlichkeit. Wenn Sie Ihr Haar rechts gescheitelt tragen, dann unterstreichen Sie damit typische männliche Vorzüge und wirken dynamisch, aktiv oder verstandbetont.« Was soll das? Ich kämme mein Haar meist im Zick-Zack-Scheitel, heißt das nun, dass ich linkisch, faul und nachtragend bin (was stimmt, aber das nur am Rande)? Kann man diese typisch männlichen Vorzüge nicht viel einfacher demonstrieren (einfach laut werden, wenn man weiß, dass man im Unrecht ist)? Und wo ist der Hinweis: »Wenn Sie Ihr Haar vom Rücken auf den Hinterkopf kämmen, weiß jeder: Guck mal, da kommt Jürgen Klopp!«?

Der absolute Oberhammer in dieser Folterkammer der Ideen und Impulse ist ein Kapitel, in dem der stilbewussten (und an chronischer Langeweile leidenden) Frau vorgeschlagen wird, ihren Kleiderschrank nicht im üblichen Sinne einzurichten (also Pullis, Hosen, Kleider und 4–8 Kisten mit der Aufschrift »Kann weg, aber vorher noch mal durchgucken!«), sondern nach Inspirationen einzuteilen, von A wie Altweibersommer oder Arabische Nächte über Leichtigkeit und Lollipop und Rosige Zeiten und Rumtopf bis hin zu einem einsamen Posten unter Z namens »Zukunftsdevisen«. Da war der Ideenreichtum wohl schon aufgebraucht – klar, der Zebra-Look ist ja auch ab 49 verboten und der ZZ-Top-Look leicht unfeminin. Wie viel *4711* muss man geschnüffelt haben, um auf so eine Idee zu kommen? Und wer fragt sich allen Ernstes morgens: Was ziehe ich denn heute bloß an? Frühlingsduft oder Nebelschwaden?

»Noch 'n Käffchen?«, fragte mich die Schnitterin und reißt mich aus meiner Hardcover-Patientenverfügung.

»Gern«, erwiderte ich, »aber er sollte farblich zu meiner bahamafarbenen Leinenhose in Synthetikoptik passen.« Leicht irritiert stellte sie mir daraufhin wortlos eine Tasse Kamillentee hin, deren Dämpfe in Verbindung mit der allgegenwärtigen Wolke aus Wasserstoffperoxid und *Wella Extra Stark* unvermittelt meine Schlupflider, von denen ich immer noch nicht weiß, wie ich sie so schminke, dass ich nicht grenzdebil-psychotisch-aufbrausend wirke, schwer werden ließ. Alsbald verabschiedete ich mich temporär aus der Welt des Textilterrors. Doch in meinem fiebrigen Traum war's auch nicht viel besser: Ich sah mich plötzlich in einem Fashion-Coaching-Callcenter in der Uckermark hocken, wo ich in einem mit Pappe parzellierten Bürokäfig zusammen mit anderen Midlife-Wachteln, die noch ein paar Euro für ihr mobiles Nagelstudio dazuverdienen möchten, stilunsicheren Schrullen und farbschemafernen Fregatten fachlich fundierte Tipps gebe – für 9,99 Euro pro angefangener Minute (im Mobilnetz deutlich teurer) – etwa:

Rosi L., Gladbeck: Kann ich Leggings tragen?
Können Sie schon. Sieht nur beschissen aus.

Christel H., Dortmund-Mengede: Wie kann ich von meiner birnenförmigen Figur ablenken?
Setzen Sie sich einen Hut aus Weintrauben auf.

Cheyenne F., Haltern am See: Ich würde mich gern an der Schulter tätowieren lassen und suche etwas, das nicht aus der Mode kommt.

Ich rate zu klassischen Sprüchen wie »Bitte nicht anfassen!« oder »Hier könnte Ihre Werbung stehen«. Ein verschnörkeltes »Hate« unter den Fingerknochen harmoniert außerdem bestens mit den Glitzerpiratenkopf-XXL-Shirts von *KiK*.

Ingeborg S., Burgsteinfurt: Wie trage ich eigentlich bunte Hosen?

Selten, möglichst selten.

Roswitha-Cheyenne Paslewski, Gelsenkirchen-Ückendorf: Wie kommt mein Dekolleté besser zur Geltung?

Nehmen Sie vorher einfach die Brüste aus den Leggings.

Resi Habersetzer, Upstadt: Ich habe ein rundes Gesicht. Kann ich dies mit eckigen Accessoires ausgleichen?

Ja, das geht wunderbar, indem Sie sich einfach etwas Quadratisches ans Ohr hängen, zum Beispiel zwei Tafeln *Ritter Sport*.

Ludmilla Sölzel-Koch, Ochtrup: Ich habe grüne Augen, helle Wimpern und ein Feuermal auf der linken Pobacke. Welche Haarfarbe passt zu mir?

Oh, Moment, da muss ich mal eben zu Guido in die Olea-Abteilung durchstellen, der hat aber gerade Mittagspause und blockiert wieder stundenlang das Klo. Sie wissen ja, von *Activia* muss man immer so schnell …

Doch dann wurde ich jäh aus meinen »Jede Frau kann schön sein, wenn sie nur die Plastiktüte richtig herum aufsetzt«-Fantasien gerissen, als es lautstark durch den Salon schallte: »Kann mal einer die Frau Bode abwaschen?«

So alt habe ich mich nicht mehr gefühlt, seit ich neulich mal versucht habe, mit meinen Kindern auf dem Bauch liegend Fernsehen zu gucken.

Nach einem 15-minütigen Föhntornado, zwei Litern Festiger und einem Dutzend abgeschmetterter Small-Talk-Versuche bekomme ich mürrisch einen Spiegel vorgehalten. »Sieht doch fesch aus, oder?«

»Ja«, sagte ich, »wer den Haubentaucher als persönliches Krafttier hat, findet das bestimmt schick.« Als das Rundbürsten-Resli mich nun leicht angepinkelt anschaute, versuchte ich's halt etwas metaphorischer. »Hören Sie, Liebchen, ich wollte eher so was wie ›Sundowner am Rhein-Herne-Kanal‹, nicht ›Leichte Sommerbrise in Rüdesheim‹.«

Ich knotete mich aus dem meine Problemzonen nur unzufriedenstellend kaschierenden schweinchenrosafarbenen Nylonumhang und trabte mit tief in die Stirn gezogener Kapuze nach Hause, wo ich nicht nur meiner Frisur mithilfe einer halben Packung *Fimo* und ein paar alten *Prinzessin-Lillifee*-Haarspangen einen stylischen neuen Look gab, sondern gleich darauf auch frohen Mutes meinen Kleiderschrank alphabetisch nach Themenfeldern sortierte, ganz wie es mir diese Schabracken-Fibel vorgeschlagen hatte. Folgende Farbstimmungen sind mir dabei spontan eingefallen: Apokalypse, Bindehautentzündung, Ersatzflüssigkeit, Grabbeigaben, Hefepilz, Jüngster Tag, Saumagensoufflé, Pampelacke, Probierstrumpf, Reizdarm, Wattenscheid-Günnigfeld, Zahnbelag. Soll mir noch einer sagen, ich würde mich gehen lassen!

Ein Königreich für ein Klo: Blasenschwäche-Blues

Du merkst, dass du älter wirst, wenn du deinen entspannten Shoppingnachmittag nicht an coolen Secondhandshops und angesagten Vintage-Pop-up-Stores entlang planst, sondern einzig sicherstellst, dass du jederzeit in fünf Minuten eine Toilette erreichen kannst.

Ich gebe zu: Ich habe eine schwache Blase, dafür aber einen starken Charakter, ist doch besser als andersrum. Der Haken an der Sache: Man positioniert sich im Theater immer automatisch am Gang, um bei Türenöffnung als Erster im Gekachelten zu sein, hat immer ein Notfallportemonnaie mit 50-Cent-Stücken dabei und in der Obstschale auf dem Küchenschrank eine kleine Altersvorsorge aus nicht eingelösten Raststätten-Coupons.

Früher kam man eine Zeit lang ohne öffentliche Toilette aus – gut, man musste sich dann nur böse Blicke von den anderen 50 000 Robbie-Williams-Konzertbesuchern gefallen lassen, aber das war dann halt so.

Die Zeiten sind leider vorbei. Ironie des Schicksals: Da sind die Kinder gerade mal aus dem Alter raus, an dem das berühmte »Ich muss mal!« immer entweder im Stau am Brenner oder beim Höhepunkt des sauteuren Musical-Besuchs fiel, an dem entweder ein lendenbeschurzter *DSDS*-Gewinner an der Liane überm Publikum baumelt oder die wehleidig trällernde

B-Besetzung endlich vom Vampir die Hauer in den Hals geschlagen kriegt (»Na klar können Sie eben aus dem Theater
raus, in 20 Minuten können Sie dann beim Aktende-Applaus
am Hinterausgang 3 c wieder rein!«). Und dann ist sie auch
schon da, die Rache für mangelnde Beckenbodengymnastik
nach der Schwangerschaft, zu kurze Laibchen im November-
sturm oder einfach eine lebenslang angespannte Grundhal-
tung: eine Blase, die unerbittlicher drängelt als ein *Vorwerk*-
Vertreter auf der linken Spur der A8.

Na gut, gehste halt öfter aufs Klo, ist ja kein Problem,
könnten Wenig-Müsser jetzt sagen. Ist aber ein riesengroßes
Problem, und zwar nicht, weil man miefende Bahnhofsklos
aufsuchen muss, sondern weil neuzeitliche Innenarchitekten-
deppen mit aller Gewalt dem guten alten Strullern einen
Eventcharakter verpassen wollen. Reingehen, pullern, Hände-
waschen vergessen und raus – mann, war das früher schön!

Heute dauert das Navigieren zum Abort schon eine halbe
Ewigkeit. Bis man erst mal den Weg zur Luxus-Latrine findet, knallt man meist gegen irgendwelche versetzten Spiegel-
wände, die möglichst den Eingang zu den Notdurft-Boxen ver-
schämt versperren. Schließlich ist Pipi und Aa bäh, das ist nun
mal so in einer Gesellschaft, in der kleine Hosenscheißer laut
Werbung schon ihre Patschhändchen mit antibakterieller No-
touch-Seife waschen und den Spender erst gar nicht anfassen
sollen.

Hat man es dann geschafft, kommt die nächste große
Herausforderung: Sich entspannt hinzusetzen und so zu tun,
als sei es das Normalste der Welt, seinen Ausscheidungsabson-
derungsprozess von penetrantem Vogelgezwitscher begleitet zu
lassen.

Nur mal so, liebe Creative Restroom Planner oder wie auch

immer euer bekloppter Beruf heißt: Indem ihr eine Situation heraufbeschwört, in der wir uns in freier Natur befinden, wo wir in den meisten Fällen nicht mal ein gottverdammtes Tempotuch dabeihaben und von Glück sagen können, wenn wir unser unteres Hosenstück mit einem Reißverschluss abtrennen können, tut ihr in dieser gottverdammten Plastikkabine ungefähr so viel für unser Wohlbefinden, als würdet ihr bei einer Wurzelbehandlung durch den Lautsprecher schallen lassen: »Ja, wer baggert da so spät noch am Baggerloch, es ist Bodo mit dem Bagger und er baggert noch!«

Warum zur Hölle machen die das? Um das peinliche »Plopp« zu übertünchen, mit dem menschliche Ausscheidungen in die Schüssel fallen, und uns zu suggerieren, wir seien elfenähnliche Wesen, deren Exkremente einfach durch das Ausstreuen eines Säckchens Feenstaub weggezaubert werden? Gelingt nicht, denn spätestens wenn die selbstreinigende Klobrille ihre lautstarke Runde dreht, wissen wir wieder um unser schnödes Dasein als widerliche Bakterienschleuder. Ich möchte nicht wissen, wie viele Darmverschlüsse monatelang unbemerkt blieben, weil man die Alarmgeräusche aus dem Heck fälschlicherweise als Kolibri-Paarungszwitschern interpretiert hat.

Und merkt euch, liebe Dampfschüsseldesigner: Man will definitiv keine Werbeposter 30 Zentimeter vor seinen Augen haben, auf denen es heißt: »Mach was Prickelndes – *Afri Cola*!« oder »*Deutschländer* – vom Würstchen das Beste«!

Konnte man auf der Toilette schon nicht richtig entspannen, kommt der Gipfel der Peinlichkeiten immer nach dem Öffnen der Klotür. Warum, möchte ich in diesem Zusammenhang einfach mal fragen, schauen Frauen, die gerade ein öffentliches WC verlassen, die vor der Tür wartende Frau immer mit einem unschuldig-verschämten Lady-Di-Augenaufschlag an? Immer so: »Müssen Sie auch?« – »Ja, ich war auch gerade… bleibt nicht aus, ne?«

Soziologen würden über dieses Ritual sagen: Es signalisiert »Wir Frauen müssen doch zusammenhalten, wir mögen aus verschiedenen Kulturkreisen kommen und unterschiedliche Auffassungen über Sinn und Zweck von mit *Kleiner Feigling* bestückten Gürteln haben, aber wir haben so viel gemeinsam, und wenn es für den Moment nur diese selbstreinigende Klobrille ist«.

Ich aber weiß den richtigen Grund für dieses hilflose Rumgegrinse. Er hat vier Buchstaben und heißt: BODY. Ich weiß nicht, welcher kranke Modedesigner sich dieses Teil ausgedacht hat, aber ein Unterziehleibchen für 1,80 Meter große Lebewesen, das man im Schritt zuknöpft, ist die überflüssigste Erfindung seit der Kiwi-Transportbox von *Tchibo*. Wer einmal mit bereits ordentlichem Druck auf der Blase versucht hat, das Teil aufzuknöpfen und dabei mit der Stirn nicht vor die meist nur 20 Zentimeter vor der Klobrille angebrachte Tür gedonnert ist, der kann auch bei Tempo 240 auf dem Nürburgring einen Doppelnamen in ein Reiskorn gravieren. Wenn eine Frau nach einem solchen Unterfangen mit einer dinosauriereigroßen Beule auf dem Kopf aus der Kabine torkelt, dann liegt das eindeutig am Versuch, in einer Art »Giraffenkind beim ersten Trinkversuch«-Position die drei Druckknöpfe in der richtigen Reihenfolge wieder zuzuknöpfen, während das Hinterteil des aufgeknöpften Adult-Stramplers mal wieder frei im Wasser-*Domestos*-Urin-Cocktail baumelt. Im Ernst, Frauen mit einem dicken Ei auf der Stirn grüßen sich schon in WC-Kabinenfluren wie Käferfahrer auf der Straße: »Hä, Body, ne, erzählen se mir nix!«

Getoppt wird dieses Zeugnis der Jämmerlichkeit in diesen

Bedürfnisanstalten nur von jenen bemitleidenswerten Zeitgenossen, die Türklinken stets mit dem Ellenbogen öffnen und dabei unfreiwillig an Helga Feddersen beim Ententanz erinnern. Eine völlig übertriebene Vorsorgemaßnahme übrigens, denn die wirklichen Keime im Schnellrestaurant-WC lauern ja, wie wir alle wissen, im zwei Tage warm gehaltenen Rühreibrötchen an der Snack-Theke.

Wer aber jetzt glaubt, sich für das Verlassen der Kabine bereits eine Escape-Room-Urkunde verdient zu haben, der irrt, denn das Konzept »Wasserhahn aufdrehen, Hände waschen, fertich« ist so was von gestrig. Diese Verkettung von Handlungen wird dem Konsumenten von heute offenbar nicht mehr zugetraut. Denn das Berühren eines fremden Wasserhahns, der womöglich in den letzten fünf Minuten nicht desinfiziert, sterilisiert, gesudelt, gepudelt und schockgefrostet wurde, ist keinem Wellness-Pinkler zuzumuten. Stattdessen geht das Ding auf irgendein Geheimzeichen an, das in jedem Premium-Pissoir anders definiert ist. Folglich hält man seine verkeimten Flossen verzweifelt in allen möglichen Abständen unter den Wasserhahn, daneben oder schräg darüber, dass Außenstehende nicht wissen: Will die jetzt ihre Hände waschen, oder übersetzt sie gerade die Tagesschau in Gebärdensprache? Und nach durchschnittlich 20 Minuten findest du raus: Aha, man muss genau 7,35 Zentimeter Abstand halten und die Hände in einen schrägen Ausfallwinkel von 38 Grad zum Hahn platzieren, bis das Wasser läuft. Meistens genau zwei Sekunden. Dann kommt das nächste Rätsel: Wo ist die Seife? Lag früher ein Stück hygienische Hausmannskost in Form eines schönen griffigen Seifenstücks auf dem Becken, lauert hier irgendeine Box, bei der man entweder erst ein altes mongolisches Sprichwort aufsagen oder verzweifelt mit den tropfnassen Händen dage-

genkloppen muss – was zur Folge hat, dass das Wasser wieder
ausgeht und man nun nur die schmierige Schmotze in den Fingern verteilt. Und wie das anging, hat man inzwischen natürlich wieder vergessen. Hast du die Griffel dann endlich wieder
sauber, offenbart sich das nächste Mysterium dieser Wunder-
werke der unnützen Technik: Sie laufen minutenlang weiter,
wenn man längst fertig ist. Während man nämlich verzweifelt den Move sucht, mit dem man den Strahl zum Stoppen
bringt, bemerkt man, dass mit dem Wasser, das völlig sinnfrei
glasklar und unbenutzt das Rohr hinunterläuft, 2000 afrika-
nische Dörfer einen Monat lang bewässert werden könnten.
Hat man also gefühlte 30 Minuten fassungslos dem glasklar-
ren Nass auf seiner Reise in den Ausguss zugeschaut, stellt man
dann auf einmal fest: Mist, die Flossen sind ja noch gar nicht
trocken – wo zum Henker ist das Handtuch? Handtücher sind
natürlich inzwischen ein No-Go in jeder modernen Pipi-Oase.
Stattdessen laden Monstergeräte, die klingen wie eine 70er-
Jahre-Hardrockband (»Air Wolf«, »Aero-Jet«, »Blow with the
flow«), dazu ein, die Extremitäten in den Höllenschlund der
Händetrocknung zu stecken: Wer das einmal getan hat, der
weiß, wie sich im 13. Jahrhundert eine der Hexerei bezich-
tigte Rothaarige mit Warze im Gesicht gefühlt haben muss:
»Nun komm schon, Weib, strecke deine Hände herein und wir
werden die Waaaahrrrheit aus dir herausfoltern, nichts als die
Waaahrrrheit!« Nur dass diese Teile mehr Keime herumschleu-
dern als sämtliche rostige Daumenschrauben des Hochmittel-
alters.

Wenn man sich dieser Tortur entziehen will und stattdessen
die tropfnassen Greifgeräte mit dem guten alten mausgrauen
rubbeligen Altpapier abschmirgeln will, mit dem wahrscheinlich schon Generationen von Kunstrestaurateuren antike Ge-

mälde wieder freigelegt haben, stellt sich nur die eine Frage: Wo, verdammt, habt ihr das Papier? Da hat jeder so sein eigenes Signature-Versteck. Die einen platzieren es so, dass man mit einer 180°-Drehung seitlich unter den Spiegel greifen muss, dass man sich dabei nebenbei den Hüftknochen ausrenkt. Die anderen verstecken die Tücher in einem Spender, dessen Ausgabegeheimnis noch besser gehütet ist als das des Wasserhahns. Deswegen sieht man mich auch immer nur händeschüttelnd aus Toilettenhäuschen taumeln, als wäre ich die Zweite von links bei *Las Ketchup* (waren ja nur drei, aber wer beherrscht schon höhere Mathematik, wenn er mit unfreiwilligen Gaga-Armbewegungen durch das Shoppingmall-Treppenhaus huscht?).

Überhaupt, rauskommen. Gar nicht so einfach. Denn hier hockt ja stets die Cillit-Bang-Medusa, die in Windeseile die von dir kontaminierte Nasszelle so gewissenhaft desinfiziert hat, dass sie in einem Umkreis von 300 Quadratkilometern sämtliche resistenten Keime, Krätzeerreger und das Ebolavirus für immer von der Landkarte gewischt hat, während du auf *YouTube* ein Tutorial über Wasserhahnaktivierung gesucht hast.

Und sie schafft es danach immer, wie die Frau von MacGyver mit einer Meister-Proper-Grätsche direkt wieder hinter ihrem blümchendeckenverzierten Tisch zu sitzen und dich für dein Entleerungsevent mit einem freundlichen Blick zur Kasse zu bitten. Diese unnachgiebige »Du hast keine Chance, du musst zahlen!«-Manier kennt man sonst nur von Maklern und Bestattern. Ein beherztes »'Tschuldigung, ich war doch heute Morgen schon dreimal, gibt's hier nicht 'ne Flatrate?« findet sie ebenso unlustig wie »Habe gerade kein Kleingeld, komme gleich wieder«. Tja, dann machst du es halt und schiebst die Kohle rüber, aber nicht ohne ihren mitleidtriefenden Blick zu toppen: »Das wäre mein Brötchen fürs Abendessen gewesen. Ein reduziertes vom Vortag!«

Irgendwann wird mal Peter Zwegat bei uns auftauchen und dem Rest der Familie vorrechnen: »Wussten Sie, dass Ihre Frau monatlich für 387,30 Euro strullern geht!«

Und auch dort, wo keine *Domestos*-Domina droht, ist die Lage an Menschenunwürdigkeit nicht zu überbieten. Ich sage nur: Autobahnraststätten. Die heißen zum Beispiel *Sanifair,* aber wo bitte ist es fair, wenn Erwachsene 70 Cent zahlen müssen, während Kinder und Kalle Pohl einfach durch einen ausgefrästen Umsonst-Eingang hindurchschlüpfen?

Ich nahm dort neulich nach zweidreiviertel Stunden Dauerstau auf der einspurigen A8 auf dem vermeintlich stillen Örtchen Platz und wollte gerade für zwei Sekunden mal einfach an gar nichts denken. Da plötzlich raunte mir zu blubbernder New-Age-Musik eine Frauenstimme ins Ohr: »Hello. Thank you for choosing Sanifair.« Ja, hatte ich die Wahl, oder was? Gut, ich hätte mich auch zwischen die beiden polnischen Laster hocken können, aber ob die dort auf Klappstühlen hockenden und Wurstbrötchen mampfenden Fahrer das lustig gefunden hätten? »We want you to make your stay as com-fort-ta-ble as possible«, tönte es weiter aus dem Off. Ja, warum habt ihr dann niemanden dieses dämliche Beduselungsband besprechen lassen, der das Wort *comfortable* richtig aussprechen kann? War das etwa dieselbe Tussi, die auch in meinem Handy immer sagt: »The person you have called is temporari-li-ly not availa-ailable«?

Kurz, moderne Pieselstätten sind der Horror in Tüten. Diese Tempel der Erniedrigung ständig aufsuchen zu müssen, das macht was mit einem. Schon lange springe ich nicht mehr drauf an, wenn man mir ein lauschiges Rendezvous schmackhaft machen will mit dem Satz: »Schatz, ich kenne da ein kleines schnuckeliges Hafenrestaurant, Alfredo macht das beste Risotto in der ganzen Toskana!« Das lässt mich völlig kalt, selbst wenn auf die Einladung ein korrekt intoniertes »Die haben wunderbare *Bruskette*!« folgt. Beim folgenden Satz werde ich aber sofort schwach und hole meinen besten Fummel inklusive figurformendem Megabody raus: »Hömma, ich weiß'n 1-a-Lokus in Herne-Eickel, ohne Grillenzirpen, ohne Death-Metal-Fön, dafür mit 'nem ehrlichen Stück Kernseife und 'nem gut abgehangenem Frotteehandtuch.«

Wie sagte schon Oscar Wilde: »Ich kann allem widerstehen, nur nicht der Versuchung.«

»ALT BIST DU ERST,
WENN DU DEN
LAUTSTÄRKEREGLER
NACH LINKS DREHST.«

Panik in der Disco:
Ich bin nicht alt, ich bin retro!

Du merkst, dass du älter wirst, wenn du Farid Bang für einen aggressiven Badreiniger aus der TV-Werbung hältst.

Ich bin musikalisch einfach in den 80ern stehen geblieben. Mein musikalisches Eremitendasein wird wohl am besten von folgendem Dialog beschrieben, der sich immer ergibt, wenn ich mich mit neuen Bekannten über Musik unterhalte:

»Und, was hörste denn so für Musik?«
　　»Och, so Sisters of Mercy, The Cure, Mission. Aber auch neue Sachen, Placebo und so.«
　　»Placebo? Die gibt's doch schon über 20 Jahre.«
　　»Ja, sage ich doch. 'ne NEUE Band.«

Und man geht ja abends auch kaum noch weg. Höchstens mal, um den vergessenen Müll rauszubringen. Konzerte? Nur, wenn das Kind einen Erwachsenen bei *One Direction* vorweisen muss. Clubs? Nur »Best of Pop'n'Wave«-Partys.
　　Und dann hältst du dich mit deinen drei besten Freundinnen von früher an einem Stehtisch fest, damit du auf deinen mit 1,5 Zentimeter für Hüftkranke riesig hohen Absätzen nicht umkippst. Hier kommt nicht nur immer dieselbe Musik (oder um dieses in den Ohren junger Menschen ekelhaft klingende Wort

zu nehmen: Mucke), sondern es finden auch jedes Mal dieselben Gespräche statt. Also, falls man sich zu den wummernden Beats von *Killing Jokes* »Love Like Blood« überhaupt noch unterhalten kann. Hier eine kleine Anleitung für den perfekten Retroabend:

Die zehn Stufen der *Früher war alles besser, auch die Musik*-Diskussion

1. Lästere über junge Menschen, die zu UNSERER Musik tanzen.

Zunächst ziehst du ganz pauschal über »diese ignorante Jugend« her, die von UNSERER Musik ja schon mal überhaupt keine Ahnung hat: »Für die ist Slash doch nichts weiter als ein Schrägstrich im Internet!« Guck dir das Geschehen auf der Tanzfläche an und sprich schlecht über junge Menschen, die zu einer Musik tanzen, für die du alleinige Besitzansprüche erhebst. Beliebte Sätze: »Hei, guck mal, der tanzt zu New Model Army, dabei ist der doch kaum über 20. Ist der Bub doch gar nicht mit sozialisiert worden!« – »Jaja, bei ›London Calling‹ tanzen sie alle, als wär's ein Partysong und kein Endzeitszenario!« – »Guck mal hier, die mit dem *Ramones*-T-Shirt! Wenn man die fragen würde, wer Joe Ramone ist, würde die doch sagen: ›Der Typ von der *Kelly Family*, der immer den Ironman läuft!‹ Bis einer dieser jungen Menschen zu dir sagt: ›Mensch Mama, wir wollen doch einfach nur feiern, chill mal!‹«

2. Halte einen Fachvortrag zum Thema Mode.

Nach einem bedeutungsschwangeren »Früher war auch mehr Schulterpolster!« begibst du dich in die Untiefen der textilen

Fehltritte: »Scheiße aussehen war früher ein modisches State-ment. Man trug Stirnband und Schweißbänder, auch wenn man so sportlich war wie ein Sitzsack. Und wer eigentlich eine zufriedenstellende Silhouette hatte, brauchte sich nur ein paar Vanilla-Hosen anzuziehen und sah aus wie eine Litfaßsäule. Dann kam die von Adam Ant ausgelöste Piratenblusenwelle, von der Johnny Depp immer noch glaubt, er hätte sie erfun-den.

Irgendwann trugen auf einmal alle Shirts mit Messages wie »Frankie says: WAR! Hide yourself!«. Das war damals provozie-rend und bereitete die Träger schon früh darauf vor, dass sie ein paar Jahrzehnte später Hemdchen tragen würden mit der Auf-schrift »Titten raus, es ist Sommer!«.

Überhaupt, die Band-T-Shirts von heute gehen ja gar nicht. Neulich musste ich als Sorgeberechtigte mit zum Harry-Styles-Konzert. Da gab es am Merch-Stand Shirts mit dem Aufdruck »Be Kind To People!«, also »Sei nett zu den Menschen!«, ich glaube, es hackt? Was kommt als Nächstes? »Morgenstund hat Gold im Mund?« Auf unseren *Ärzte*-Shirts stand früher »Eat Shit And Die!«. Noch Fragen?

3. Früher galt noch: »Live Is Live«

… und damit meinst du nicht den Rotzbremsenrock von *Opus*. Beklage die Situation, dass moderne Konzerte reine Kirmes-veranstaltungen sind, in der Cola und Brezel zusammen zwölf Euro kosten und keiner sich mehr live den Arsch abspielt:

»Früher hatte Patti Smith noch literweise Schweiß unter den unrasierten Achseln! Pete Townshend hat seine Gitarren bei jedem Gig zu Kaminholz verarbeitet! Ozzy Osbourne hat Fle-dermäusen den Kopf abgebissen!« Dann fällt dir ein, dass du ja eigentlich Tierschützerin bist und zur fraglichen Zeit auch eher *Baccara* und *Clout* gehört hast. Aber es geht hier ums Prinzip!

4. Begib dich in den Mixtape-vermiss-Modus.

Beginne am besten mit einem theatralischen »Wisst ihr noch, als bei uns die Freundschaften nicht nur von der Frage ›AC/DC oder *Kiss*?‹ abhingen, sondern auch von der Lebensentscheidung ›BASF *Chromdioxid II* oder *TDK SA 90*?‹« Verdränge die Tatsache, dass beides Schrott war, und glorifiziere ausschweifend das goldene Zeitalter der Mixtapes:

»Man arrangierte die Songs so, dass eine geheime Message darin versteckt war. Wenn man alle Anfangsbuchstaben der A-Seite verband, ergab das zum Beispiel ULKANAKULOT. Und das war gleichzeitig ein okkultistisch anmutender Song der *Virgin Prunes*. Heute wäre das doch höchstens noch ein Jungenvorname am Prenzlberg. Überhaupt, hat schon mal einer zum Geburtstag eine liebevoll beschriftete und verpackte Playlist bekommen?« Und schon hast du eine perfekte Überleitung zu Punkt fünf, musst nur noch schnell deine Whiskey-Cola austrinken, um so richtig in Fahrt zu kommen.

5. Sorge mit technophoben Allgemeinplätzen wie »Spotify sucks!« für ein Nick-Stakkato in deiner Altersgruppe.

Wenn du hierauf »Ja, das hast du jetzt schon oft genug erzählt, lass uns doch mal tanzen gehen!«-Blicke erntest, wird es Zeit, mit absurden Beispielen deine Meinung zu untermauern:

»Warum macht mir dieser Streaming-Dienst immer ungefragt Vorschläge? Nur weil ich *ABC* höre, werden mir *The Smiths* angeboten. Ich hasse *The Smiths*, habe sie schon immer gehasst, obwohl Morrissey Vegetarier ist. Nur weil eine Musik zeitgleich mit der anderen auf den Markt kam, muss man sie noch lange nicht gut finden. Das ist ja wie ›Kunden, die Tomaten kaufen, kaufen automatisch auch WC-Sitze mit Delfin-Muster (beides ist heute Morgen mit demselben Laster aus Holland angekommen)‹.

Ich meine, wenn die vorschlagen würden: ›Du hast Tim Bendzko gehört, darum gefällt dir auch Clueso, Philipp Poisel, Andreas Bourani, 90er-Jahre-Diebels-Werbung, ein ausgewrungener Schmierlappen und alles andere, was meint, über die erste allein bewältigte Buntwäsche ein Lied schreiben zu müssen‹, dann könnte man's ja verstehen.

Auch die vorgeschlagenen Playlists sind sehr fragwürdig. Da bieten die mir ›Songs To Sing In The Car‹ – und was steht da als Erstes? ›Wuthering Heights‹ von Kate Bush! Also, wenn es EINEN Song gibt, den man nicht nur im Auto nicht singen sollte, sondern auch nirgendwo anders, dann ist das *Wuthering Heights*. Und *Spotify* findet, ich solle das IM AUTO singen? Ich glaube, wenn ich nachts um drei auf der Königsallee zu einem disharmonischen ›Out in the wiley windy moors‹ singen würde, würde mein Auto sofort pinabauschartige Schlangenbewegungen vollführen, ich würde an der nächsten Verkehrsinsel anhalten, die Sicherheitsweste zu einem orangeroten Chiffonkleid umfunktionieren und um die Schultern wickeln, den Warnblinker anstellen und entzückt entrückt über die Straßenbahnschienen tanzen, bis mich ein netter Streifenpolizist am Arm fassen und was von ›Verkehrsbehinderung‹ … ›Papiere bitte‹ … und ›Früher durften wir so was festnehmen‹ faseln würde. Dann würde ich ihm mit piepsiger Stimme ein ›Heathcliff! It's me, I'm Cathy!‹ entgegenjodeln, mein Bein um sein Knie schlingen und müsste anschließend dafür 14 Tage im Stadtwald Blätter aufpiksen. Nee, nee, dann schon lieber gepflegt mit *Bohemian Rhapsody* ungebremst auf ein Stauende auffahren.«

6. Behaupte steif und fest: Die Welt ist eine Scheibe.

Dieser beliebte Topos wird meist angeführt von einem in tiefem Marlene-Dietrich-Timbre gesungenen »Wo sind all die Läden hin, wo sind sie geblieben?«. Ja, der Plattenladen. Der nostalgieumwölkte Sehnsuchtsort, in dem wir in unserer Erinnerung immer Fachsimpeleien mit dem Personal geführt haben, in Wirklichkeit die Gespräche aber nie über »Mit Tüte oder geht's so?« hinausgingen. Natürlich ließ man sich eine Tüte geben, denn mit einem Tragebehältnis mit der Aufschrift »Die Schallplatte« an der Bushaltestelle zu stehen und andere durch das weiße PVC hindurch sein just erstandenes Exempel eines exquisiten Musikgeschmacks erblicken zu lassen, das hatte mehr Status als heute eine Tasche von Michael Kors. Und sah auch, wenn man mich fragt, besser aus.

Zu Hause hat man langsam die Folie abgeknibbelt, das Textbuch studiert und sich mit diesen haptischen Eindrücken auf das sorgsam komponierte Konzeptalbum eingelassen. Um dann nach dem 18.-mal Hören festzustellen: Also, das erste Album von Bauhaus war irgendwie besser.

7. Lockere deinen Körper nach dieser blumigen Rede rückenfreundlich auf und bewege dich zu den Klängen von den *B-52's* »Rock Lobster« wie ein an Marionettenfäden hängender Urmel aus dem Eis.

(Hier könnte Ihr Kopfkino entstehen.)

8. Bringe ein paar philosophische Gedanken ein, die auch aus einer *arte*-Musikdoku stammen könnten.

Referiere mit erhabener Alida-Gundlach-Miene: »Ich habe das Gefühl, wir sind die erste Generation, die richtig wehleidig ist, was den Verlust ihrer Musikkultur betrifft. Die Kinder der 60er und 70er, auch bekannt als die alternativen Nackten, hatten spätestens in den 80ern ihre Bausparverträge und hören inzwischen *Die Höhner* statt *Hendrix*. Nur wir 80er-Kids sind im ständigen Verklärungsmodus. Das kommt daher, dass die Songs in den 80er-Jahren immer nur ausgefadet wurden. Mit anderen Worten: Sie waren nie wirklich zu Ende. Heute ist das anders. Songs haben ein Ende, dafür keinen Anfang. Anders gesagt, kein vernünftiges Intro. Immer sofort zur Sache, bäm, damit man gleich weiß, welcher Scheiß gerade aus dem Autoradio blubbert und man den Sender wechseln sollte. Würde heute noch jemand »I ran« von *A Flock of Seagulls* spielen, die Leute würden Schweißausbrüche kriegen: (›Wann zum Henker fangen die denn endlich an zu singen?‹). Wir können dagegen noch warten, bis sich ein Song zu seiner vollen Blüte entfaltet. Schließlich kommen wir ja aus einem Land vor unserer Zeit, als es noch Kleinbildfilme gab. Und ›Expressentwicklung‹ hieß: drei Tage. Da wüsste die Generation Beziehungsunfähig heute doch gar nicht mehr, wer auf dem Bild überhaupt drauf ist! Also, ich für meinen Teil könnte siebenminütige Intros und dreizehnminütige Gitarrensoli hören. Aber drei Sekunden Zeuge sein, wie eine abgelaufene Valiumtablette aus dem Autoradio wabert (›Wie kann man jemand so krass vermissen wie ich dich in diesem Scheißaugenblick?‹), und zack, werde ich als flüchtige Unfallverursacherin polizeilich gesucht.«

9. Mache aus deiner verlorenen Jugend direkt eine Gesellschaftsdebatte, zum Beispiel »Früher waren die Frauen in der Musik viel rebellischer!«

Dein erhobener heftig hin und her rotierender Zeigefinger ist hier keine Reminiszenz an *Saturday Night Fever*, wenn du im Brustton der Entrüstung referierst: »Wir hatten die kultige Toyah Willcox, die kühle Siouxsie Sioux, die kantige Lisa Dalbello, allesamt Hammerfrauen und tolle Sängerinnen – und heute? Wo man hinschaut Popo-Wacklerinnen und Auf-Abrissbirnen-Schauklerinnen. Und diese Lady Gaga, klaut sich das »Ma-ma-ma« aus Boney M.s *Ma Baker*, hängt sich einen Zentner Fleisch um die Hüften und gilt als Stilikone?«

Lasse Argumente, dass es ja auch Florence Welch, Adele und Beth Ditto gibt, dabei außen vor und beklage dich übers Alters-Bashing und Bodyshaming in der Musikszene: »Wenn die wunderbare Debbie Harry mit 72 Jahren noch Konzerte gibt, schreiben die Leute unter das Livevideo ›Granny go home!‹ Aber dass Axl Rose mittlerweile aussieht wie Bernhard Brink mit Wieselperücke, das interessiert kein Schwein. Ich will mir nicht vorstellen, wie Katy Perry in 30 Jahren aussieht, wenn sie in einer Mehrzweckhalle in der Pfalz ihre Ode an die Wechseljahre ›Hot and Hot‹ singt.«

Ziehe für deine Argumentation dir völlig fremde Musikgenres wie Schlager heran, solange sie in dein Nostalgie-Gejammer passen: »Früher hatten wir wenigstens noch eine Juliane Werding, die verkündete, dass sie genauso gut saufen und beim Skat betrügen kann wie Männer. Heute haben wir glattgebügelte Retortenvorbilder: Helene Fischer, die fraugewordene Spießerfantasie von Jack-Wolfskin-Jackenträgern (›Die ist echt scharf!‹) und Tupperberaterinnen (›Und so natürlich!‹).

Verdränge bei deinem Argumentationsverlauf, dass bei dir schon lange das Phänomen der selektiven Erinnerung eingesetzt hat, denn tief in deinem Inneren weißt du ja: Es war nicht alles gut. Wir hatten ja auch C. C. Catch, Samantha Fox und Stephanie von Monaco.

10. Erkläre den freundlichen, das Unfallprotokoll aufnehmenden Polizeibeamten auf dem Nachhauseweg:

»Sorry, ich kann nix dafür. Im Radio kam gerade ›Wuthering Heights‹«.

»ICH BIN NICHT ALT, DAS IST NUR SHABBY CHIC!«

Nachwort: Alter, was willst du von mir?

Du weißt, dass du älter wirst ... wenn du an dieser Stelle angekommen bist.

Denn dann hast du ein Buch zu Ende gelesen, und das ist ja in unserem Alter schon mal was, worauf man stolz sein kann. Also, abgesehen vom Gerade-stehen-und-dabei-nicht-Umkippen. Du bist zwar jetzt auch nicht viel schlauer als vorher, hast aber gemerkt: Andere sind es auch nicht. Und du merkst gar nicht, dass ich vom Sie ins Du übergegangen bin, weil zwischen uns ein unsichtbares Band geknüpft wurde aus Verständnis, Mitgefühl und Erstaunen darüber, wie lange wir eigentlich schon jung sind.

Vielleicht geht es dir, liebe Leserin (oder lieber Leser, der du den Schutzumschlag der Biografie von Angus Young über dieses Buch geschlagen hast) ja wie mir: Du merkst, dass du älter wirst, wenn du auf einmal weniger Angst vorm Älterwerden hast.

Ich habe mir fast schon mein ganzes Leben lang Gedanken gemacht, wie das wohl ist, eine von diesen Frauen in diesem merkwürdigen Übergangsalter zu sein, von dem, so dachte ich, nur die Haftcreme-Werbung und Hormonyoga-Kursleiter sagen, es sei das beste.

Werde ich so eine »Ich bin immer noch rattenscharf«-Patsy wie aus *Absolutely Fabulous*?, die gern aufs Älterwerden pfeifen würde, dabei mit ihren drei Zentimeter dicken Gummilippen allerdings aussieht wie ein Goldfisch mit Atemnot, und die die Nummer von Professor Dr. Mang neben Notarzt und Feuerwehr am Kühlschrank hängen hat?

Oder doch so eine »Wattbequem!«-Gabi, die schon mit 29 das erste Gesundheitsfußbett getragen hat und die immer ein Sitzkissen, in Häppchen geschnittene Nahrung und einen Thermobecher Kaffee dabeihat, wenn sie sich mehr als zehn Meter von ihrer geblümten Hollywoodschaukel entfernt?

Oder am Ende sogar eine »Altern ist was Wunderbares«-Imke, die es »örgendwie« betrauert, dass ihre Menstruation sich langsam verabschiedet und sie bald nicht mehr jeden Monat ihr Frausein feiern kann, indem sie barfuß um den brennenden Kompost im Reihenhausgarten rennt – aber andererseits auch »ein Stöck weit« jedes neue graue Haar mit einem ostwestfälischen Initiationsritus (Eierlikörchen und Frauentee) einzeln begrüßt und dazu auf der Bouzouki Songs von Joni Mitchell schrammelt? Werde ich beim *ZDF-Fernsehgarten* in die Kamera winken und Fragen nach meinem Alter beantworten mit: »Raten Sie mal?«

Nö. Ich gehe das Leben jetzt so an, wie mein Fahrschullehrer schon immer gesagt hat: »Kommen lassen, kommen lassen!« Und inzwischen weiß ich auch, wo das Gaspedal ist.

Ich möchte nicht mehr müssen, ich will nur wollen, und zwar Pfützenhüpfen in Stützstrümpfen! Ich will so alt werden, dass ich meine Schminkutensilien im Baumarkt kaufen muss und die Leute Angst haben, wenn ich Auto fahre! Ich will leben, lachen, niesen – und rechtzeitig davor die Beine kreuzen!

Ja, es ist komisch, sich bei solchen Forderungen vorzukommen wie eine »Ich will alles und zwar sofort!« schmetternde

Gitte Haenning, wo man doch lieber Punkrock hört. Aber is halt so: Ich will den Sand unter meinen Füßen spüren, meinen Atem in der klaren morgendlichen Bergluft … und den Wind der Klimaanlage, wenn ich sie ab 19 °C Raumtemperatur auf »Full Power« stelle.

Und ich freue mich über jede kleine Anekdote, die unser zunehmendes Alter mir und den Menschen um mich herum beschert: Wie neulich, als ich in einem örtlichen Kulturzentrum auftrat und ein Gast mit folgenden Worten um zehn vor acht fragte, ob man die Karten noch zurückgeben könnte: »Ich habe gerade gesehen: Hier steht Stand-up-Comedy, 20 Uhr bis 22 Uhr. Tut mir leid, aber so lange kann ich nicht stehen!«

Und für alle, die noch ein paar Survivaltipps brauchen, geht es auf der nächsten Seite weiter:

Anhang: Serviceteil mit Survivaltipps fürs Mittelalter

In der Lebensmitte ändern sich viele Dinge. Vieles, was früher selbstverständlich war, zum Beispiel das geräuschlose Aufstehen, ist auf einmal Schnee von gestern. Hier noch ein paar Hilfen zum Auswendiglernen oder an das Hochzieh-Dreieck Kleben, mit denen Sie für den Überlebenskampf in der zweiten Lebenshälfte gewappnet sind.

Was will ich noch vom Leben?
Die Bucket List für die Lebensmitte

Früher haben nur Menschen, denen nur noch wenig Zeit blieb, eine sogenannte »Bucket List« erstellt. Heute notieren schon Teenager in goldschriftverzierten Glitzerkladden, was sie alles erleben wollen, bevor sie sterben. Wahrscheinlich, weil man ihnen suggeriert, dass das Leben schon mit 20 so gut wie vorbei ist. Lasst euch aber gesagt sein: Das stimmt nicht. Die Prioritäten verschieben sich nur ein wenig. Denn je älter man wird, desto mehr bestätigt sich: »Es sind die kleinen Dinge im Leben, die wirklich zählen!« Hier ein paar Beispiele:

Meine Bucket List früher	Meine Bucket List heute
Schwimme mit Delfinen in der Südsee	Mache einen Aqua-Jogging-Kurs im Hallenbad
Mache eine Rucksackreise in den Anden	Trage deine Einkäufe von *netto* allein nach Hause
Färbe deine Haare in einem punkigen Ton	Reklamiere einfach das nächste Mal beim Frisör nicht den Lilastich
Mache eine Fortbildung zum Krankenhaus-Clown	Lache über die Witze deiner Schwiegereltern
Übernachte in einem gruseligen Spukschloss in den Highlands	Traue dich, das Teeniezimmer deiner Kinder ohne Atem-schutzmaske zu betreten
Überrasche deinen Partner mit einem sexy Outfit	Überrasche deinen Partner und putze die Küche
Posiere vor den Niagarafällen	Besuche die tanzenden Fontänen in Odenthal-Altenberg
Lasse einen Stern nach dir benennen	Löffle ein Nutella-Glas leer, auf dem dein Name steht
Gehe zum Coachella-Festival	Melde dich beim Sommerfest fürs Kinderschminken
Fahre im Europapark den Blue Fire Megacoaster	Stehe schneller auf als sonst

Meine Bucket List früher	Meine Bucket List heute
Geh auf Promijagd und lass dich mit George Clooney fotografieren	Hol dir im Baumarkt ein Autogramm von Martin Semmelrogge
Tauche im Great Barrier Reef	Lasse bei der nächsten Fahrt durch die Autowaschanlage die Augen auf
Sieh dir in Afrika die »Big Five« an	Gründe den Kegelclub »Alle Neune«
Springe vom Zehnmeterbrett	Warte nicht, bis die Ausstiegshilfe im Bus ausgefahren wird
Sieh dir die Felsformationen von Stonehenge an	Bemale Kieselsteine mit Nagellack
Lerne Slacklining	Lerne, dir im Stehen Schuhe anzuziehen
Ziehe in eine andere Stadt	Arrangiere die Zierkürbisse auf deiner Eingangstreppe neu
Bade nachts nackt im Baggersee	Bade ohne Badewannensitz
Umarme einen Koalabären	Umarme eine Wärmflasche mit Flauschbezug
Rolle dich einen Abhang herunter	Prüfe den Sessellift ins Tal auf ein TÜV-Siegel

Was bedeuten eigentlich Verkehrsschilder im fortgeschrittenen Alter?

Achtung, bröckelndes Hüftgelenk!

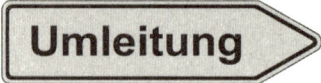

Pflanz schon mal den Kaffee an, ich komme gleich!

Nicht vergessen: Heute wieder Kneipp-Abend im Stadtbad

Hier fährt man auf diese lange Straße, wo einem immer ganz viele Autofahrer entgegenkommen und lustig winken, bevor man im Krankenhaus wieder wach wird.

Achtung, Detlef D! Soost lungert am Spielplatz rum und studiert mit den Kindern doofe Choreos ein.

Gerda, is dir auch so schwindelig?

Oh, hatte ich Vorfahrt gehabt?

Workshop »Servietten falten für Beerdigungs-Kaffee«

Hier muss ich so langsam machen, dass ich mir beim Fahren einen Eierlikör einschütten kann.

Achtung, Genesis spielen heute nur zu zweit in der Westfalenhalle.

Wenn du schlecht streust, rutsche ich aus und verklag dich!

Elsbeth, pass auf, hier hat schomma einer den Löffel abgegeben.

Ich zieh dich auf links,
du Heiopei.

Anlieger frei!

Ich wollte zur Oma Kupfer-
dreh, wohnt die hier nicht
mehr?

Radfahrer absteigen

Billige Hotels für
Zweiradfahrer

Nix für ungut! So jung
stoßen wir nie wieder
zusammen!

Wenn man über ein
Xylofon geht, vorher
Hals, Hände und Füße
abschrauben.

Hab's heute wieder
schlimm im Kreuz.

Was schreibe ich in das Freundebuch meiner Kinder?

Name: Mutti

Spitzname: Mamma Komma

Hobbys: Serviettentechnik, Hockergymnastik, Segway-Fahren

Größe: 1,73 m (noch)

Gewicht: kann ich ohne Brille so schwer auf der Waage erkennen

Haarfarbe: irgendwo zwischen Sexy Silver und Frauengold

Meine besten Freunde: Ulla Popken, Josef Seibel

Lieblingsbuch: Conni kommt in die Wechseljahre

Lieblingssänger: Jeder, der nicht Ed Sheeran ist

Lieblingsfilm: Der Herr der Inge – SMS-Praktiken (oder wie heißt das mit den Handschellen?) für Späteinsteiger

Lieblingsfarbe: dunkelbeige, neongrau

Das mag ich: wenn du Papa-Wochenende hast

Das möchte ich mal werden: unterhaltsbefreit

Darum mag ich dich: Du bist der einzige Mensch, dem man alte panierte Sellerieschnitzel als Captain Sharky's Seeräuberspieße verkaufen kann.

Mein größter Wunsch: ein langes Leben, damit auch ich dir möglichst lang zur Last falle

Ab in die Tonne: ein paar Dinge, für die ich zum Glück zu alt bin

Neumodische Bezahlmethoden

Ich brauche keine Kreditkarten, die ich im die Halswirbelsäule verkrümmenden Winkel an der Kasse vor ein Gerät halten muss, und keine dazugehörigen zwölf PIN-Nummern, die ich mir als Chip in den Oberarm implantieren muss. Ich habe lieber Badewannen voll Kleingeld mit dabei. Nichts ist schöner als die Gesichter von acht gestressten After-Work-Schnell-noch-ne-*Pizza-Ristorante*-Käufern, wenn ich genüsslich zu dem Satz aushole: »Warten Sie. Ich hab's passend!«

»Ja« sagen, wenn man »nein« meint

Jahrzehntelang habe ich mir Dinge aufschwatzen lassen, die ich nicht brauche, nur weil ich dachte, ein »Nein danke, sonst gern« kommt beim anderen an als »Lass mich mit dem Scheiß in Ruhe!«. Inzwischen verlasse ich kein Schuhgeschäft, ohne an der Kasse zu schreien: »Nein, danke! Ich brauche kein Imprägnierspray! Ich bin bis unters Dach voll mit Allwettercreme und Barfußeinlegesohlen! Meine Vorräte an Farbpflegecreme und Glanzbürstchen reichen noch bis zum Spätherbst 2028!« Und auf die dann stets folgende Frage »Sind sie übergeschnappt«, sage ich dann genüsslich: »Ja.«

Festivals

Früher dachte ich: Festivals sind cool. Es brauchte aber nur wenige Besuche, um zu merken: Festivals, das sind matschige Ackerflächen, auf denen die Bühne vom Zuschauer so weit entfernt ist wie Margarete Schreinemakers von einem neuen TV-Format. Und bis da mein Zelt aufgebaut wäre, hätte jeder

Moshpit schon seine Shirts mit *Spee Megaperls* gereinigt. Also, auch wenn ich noch meilenweit davon entfernt bin, beim *ZDF-Fernsehgarten* in die Kamera zu winken, gebe ich zu: So langsam is es mir lieber, wenn der Rhein in Flammen steht, als wenn der Deich brennt.

Schlüsselanhänger mit Flaschenöffner

Stattdessen baumelt bei mir an der Handtasche immer ein Einkaufswagenchip. Damit's im Supermarkt schneller geht, falls ich mir mal schnell einen Flaschenöffner kaufen muss.

Horoskope

Ich bin inzwischen alt genug, um zu wissen: Was passiert, passiert. Egal, ob ich mir vorher Gedanken darüber mache oder nicht. Warum soll ich da ominöse Prophezeiungen lesen wie die über die Fische: »Es passiert in dieser Woche entweder was Schlechtes, das Sie für etwas Gutes halten, oder was Gutes, das Sie nicht bemerken werden, weil Sie dieses Horoskop nicht gelesen haben.« Oder auch zu Schütze: »Eine Typveränderung würde Ihnen guttun. Lassen Sie sich doch einfach die Brüste wieder nach vorn transplantieren.« Gefolgt wird das von: »Sie glauben nicht an Horoskope? Typisch Löwe!« Wenn ich wirre Vorhersagen will, gucke ich doch lieber *Watergate.tv* mit Hans Meiser.

Superfoods

Ich bin so von gestern, dass ich lange Zeit dachte, Acai und Goji wären Figuren aus der Sesamstraße. Was nützt es, wenn ich zwei Jahre länger lebe, aber drei Jahre damit verbringe, Spirulina-Algen auf der Küchenfensterbank zu züchten?

M&Ms nach der Farbe sortieren

Irgendwann muss man doch einfach zu seinem Alter stehen. Zumal das Sortieren mit der Morgenration Tabletten schon prima klappt.

Kalendersprüche sammeln

Ich habe einen ganzen Schrank voller schriftverzierter Tassen, Keilbilderrahmen und Poesie-Büchlein, für das Heerscharen von Mindestlohnempfängern wahllos die Worte »Glück«, »Liebe« und »Leben« mit ein paar Füllwörtern durcheinandergewürfelt haben. Weg damit! Der einzige Spruch, den ich brauche, lautet: »Tot ist man lange genug.«

Dank

Ich danke *Abba* für die Musik, *Dr. Oetker* für das inspirierende Buch »Älterwerden ist nichts für Teiglinge«, meinem Mann für liebevolles Bütterchen-an-den-Schreibtisch-Bringen, Ida und Máire dafür, dass sie so sind, wie sie sind, Dea (Laura! Mary!) für Mai-Tai auf der Außenplaza in Oslo, Pepi für 24-Stunden-Telefonseelsorge und allen, die ich hier nicht erwähne, die aber genau wissen, dass sie gemeint sind.

Bildnachweis